EM VOCÊ, A PAZ DO CORAÇÃO

Meditações para cada dia do ano

IRMÃO ROGER, DE TAIZÉ

EM VOCÊ, A PAZ DO CORAÇÃO

Meditações para cada dia do ano

4ª edição - revista e atualizada
2007

Dados Internacionais de Catalogação na Publicação (CIP)
(Câmara Brasileira do Livro, SP, Brasil)

Roger, de Taizé, Irmão

Em você, a paz do coração : meditações para cada dia do ano / de Taizé, Irmão Roger ; [tradução Comunidade de Taizé]. – 4. ed. rev. e atual. – São Paulo : Paulinas, 2007. – (Coleção fé e vida)

Título original : En tout la paix du cœur
ISBN 8-285040-199-4 (obra completa)
ISBN 978-85-356-1975-1

1. Meditação 2. Oração 3. Paz – Aspectos religiosos I. Título. II. Série.

07-1158   CDD-248.34

Índice para catálogo sistemático:
1. Paz : Meditação : Prática religiosa : Cristianismo 248.34

Título original da obra: *EN TOUT LA PAIX DU COEUR*
© Ateliers et Presses de Taizé, F-71250 Taizé-Communauté, 1995.

Direção-geral: *Flávia Reginatto*
Editora responsável: *Luzia Sena*
Assistente de edição: *Andréia Schweitzer*
Tradução: *Comunidade de Taizé*
Copidesque: *Cirano Dias Pelin*
Coordenação de revisão: *Marina Mendonça*
Revisão: *Jaci Dantas e Ana Cecilia Mari*
Direção de arte: *Irma Cipriani*
Gerente de produção: *Felício Calegaro Neto*
Capa: *Marta Cerqueira Leite*
Projeto e editoração eletrônica: *Telma Custódio*

Nenhuma parte desta obra poderá ser reproduzida ou transmitida por qualquer forma e/ou quaisquer meios (eletrônico ou mecânico, incluindo fotocópia e gravação) ou arquivada em qualquer sistema ou banco de dados sem permissão escrita da Editora. Direitos reservados.

Paulinas

Rua Pedro de Toledo, 164
04039-000 – São Paulo – SP (Brasil)
Tel.: (11) 2125-3549 – Fax: (11) 2125-3548
http://www.paulinas.org.br – editora@paulinas.com.br
Telemarketing: 0800-7010081
© Pia Sociedade Filhas de São Paulo – São Paulo, 1997

Prefácio

Taizé: um pedaço do céu na terra

A Comunidade de Taizé é uma comunidade ecumênica, constituída por uma centena de homens de várias nacionalidades, dedicada à reconciliação, oração e meditação cristã. Ao longo dos anos, Taizé se tornou um importante destino de peregrinação cristã, com milhares de visitantes a cada ano. A Comunidade teve início em 1940, quando Roger Schutz, então com 25 anos de idade, deixou a Suíça, seu país de origem, para viver na França, numa pequena aldeia chamada Taizé. Era ali que ele pretendia concretizar o chamamento de criar uma comunidade onde a simplicidade e a bondade do coração seriam vividas como realidades essenciais do Evangelho. O sustento seria garantido pelo próprio trabalho, sem ajuda ou donativos externos, característica que se mantém até nossos dias.

Durante a Segunda Guerra Mundial, mesmo enfrentando toda sorte de dificuldades, Irmão Roger, filho de pastor calvinista, acolheu refugiados, inclusive judeus e agnósticos, em sua casa. Acabou sendo descoberto e obrigado a partir, mas, quando pôde voltar, em

1944, Irmão Roger não voltou sozinho: alguns amigos se juntaram a ele e, aos poucos, outros jovens se somaram aos primeiros. Na Páscoa de 1949, os irmãos assumiram o compromisso de viver em celibato, comunitariamente e em grande simplicidade para toda a vida.

A missão da Comunidade de Taizé é ser um sinal concreto de reconciliação entre os cristãos divididos e os povos separados. Em seu coração se encontra a paixão pela Igreja, e, por isso, nunca se quis criar uma organização centrada em si mesma, mas sim receber e enviar o jovem de volta a sua Igreja local, paróquia, grupo ou comunidade, para realizar, com muitos outros, uma "peregrinação de confiança na terra".

Através dos anos, jovens de todo o mundo, à procura de um sentido para suas vidas, chegavam à colina de Taizé em número cada vez maior. Em comunhão, eles caminham rumo às fontes da confiança em Deus e empreendem uma peregrinação interior que os encoraja a construir relações de confiança. É uma aventura que continua depois em suas casas e se concretiza por meio do aprofundamento de uma vida interior e pela disponibilidade em assumir responsabilidades no intuito de tornar a terra mais habitável. No centro dos encontros, três vezes por dia, a oração em comum reúne todos os que se encontram na colina num mesmo louvor a Deus através do canto e do silêncio. Ali, cada um descobre que podem ser abertos caminhos de unidade na diversidade das tradições cristãs e das culturas.

A partir da década de 1950, alguns irmãos foram viver em lugares carentes em outras partes do mundo, para serem testemunhas de paz e estarem ao lado dos que sofrem. Hoje, constituem pequenas fraternidades em bairros pobres na Ásia, África e América Latina. Procuram partilhar as condições de vida dos que os rodeiam, esforçando-se em ser uma presença de amor junto dos mais pobres e necessitados e dos que estão interiormente feridos pelo abandono.

No Brasil, alguns irmãos da Comunidade vivem num bairro carente da periferia de Alagoinhas, uma pequena cidade do estado da Bahia, a 109 quilômetros de Salvador. A partir de 1995, começaram um trabalho com surdos e cegos, que agora são mais de 130 a estudarem na Escola inclusiva Nova Esperança, em regime integral, junto com alunos que ouvem e vêem. A Escola é municipal, em convênio com a Fundação do Caminho, criada pelos irmãos. No Clube "Mãos que falam e vêem", surdos, cegos, ouvintes e videntes se reúnem para falar sobre as suas dificuldades e os direitos dos deficientes. Várias atividades, como cursos de linguagem gestual e braille, capoeira, teatro, dança, e também catequese, são desenvolvidas, reforçando os laços comunitários.

O Irmão Roger permaneceu como prior da comunidade até 16 de agosto de 2005, quando foi morto por uma mulher, aparentemente com distúrbios mentais, que o apunhalou durante a oração da noite. Era um homem fascinante por sua inocência e nos deixou uma herança preciosa: o sentido do amor e do perdão. Autor de diversos livros, inclusive três em conjunto com Madre Teresa, seus escritos têm uma linguagem simples e falam à humanidade inteira, mas particularmente à juventude, em quem ele depositava uma confiança infinita. Por seu trabalho ecumênico e em favor do diálogo, recebeu vários prêmios, entre eles o Prêmio Unesco da Educação para a Paz, em 1988; o Prêmio pelo Serviço Humanitário Internacional, concedido pela Universidade de Notre Dame (EUA), em 1997, e o Prêmio pela Defesa da Dignidade Humana, da Universidade Saint John (Minnesota, EUA), em 2003.

Sobre ele, o papa Bento XVI disse: "Conhecia-o pessoalmente desde há muito tempo, e mantinha com ele uma relação de cordial amizade. No dia da sua morte recebi uma carta sua que me permaneceu no coração, porque nela realçava a sua adesão ao meu caminho e anunciava desejar me visitar. Agora nos visita do Alto e nos fala. Penso que deveríamos ouvi-lo, ouvir a partir de dentro o seu ecumenismo vivido espiritualmente e nos deixar conduzir pelo seu testemunho de um ecumenismo interiorizado e espiritualizado".

O Irmão Alois, escolhido alguns anos antes pelo próprio Irmão Roger para sucedê-lo, é o atual prior. "Que se erga então a paz sobre a terra, essa paz do coração que o nosso irmão Roger tanto desejou para cada ser humano", pediu.

Retribuindo a confiança e o carinho de Irmão Roger, a pequena Taizé continua a se encher de visitantes, sobretudo jovens, fascinados pela herança de espiritualidade do monge suíço, figura do ecumenismo e grande místico dos nossos tempos.

Para os leitores, neste livro, Irmão Roger propõe um texto de meditação para cada dia do ano. São textos curtos, que procuram expressar realidades que podem ser retomadas, dia após dia, ao longo de toda a vida.

Paulinas Editora

Apresentação

Este livro foi escrito para quem almeja viver em tudo a paz do coração, a alegria, a simplicidade, a misericórdia.

Na continuidade dos dias, é possível seguir adiante com bem pouco, às vezes com apenas algumas palavras que fazem voltar ao essencial.

Quando sobrevém o desânimo e os nossos passos se tornam lentos e pesados, quando a bela esperança humana se esvai, a paz do coração é mais indispensável do que nunca.

As páginas deste livro, eu as escrevi tanto para mim mesmo como para aqueles que as lerão.

Deus de misericórdia, temos uma sede tão grande da paz do coração. E o Evangelho nos faz perceber que mesmo nas horas de escuridão tu nos amas e queres que sejamos felizes.

Nota: As orações estão destacadas, em itálico. Os textos para Páscoa e Pentecostes, cujas datas variam cada ano, estão entre os meses de março e abril. No fim do livro, há algumas citações bíblicas que falam da confiança, da paz do coração e da alegria.

Janeiro

Janeiro

1º Quem vai ao encontro de Deus, vai de um começo a outro começo. Você será daqueles que ousam dizer a si mesmos: "Recomece! Deixe o desânimo! Que a sua alma viva!".

2 Cristo nunca faz de nós juízes uns dos outros. O Evangelho nos torna aptos a amar e a dizê-lo por nossa vida.

3 _Jesus, luz do nosso coração, desde a tua ressurreição tu sempre vens a nós pelo Espírito Santo. Seja qual for a nossa situação, tu sempre estás esperando por nós, e nos dizes: "Venham a mim, todos vocês que estão cansados de carregar as suas pesadas cargas, e eu lhes darei descanso"._[1]

4 Para quem descobre são João, o mais cativante é pressentir esta maravilha: "Deus é amor...,[2] e o Cristo não veio sobre a terra para julgar o mundo, mas para que por ele, o Ressuscitado, todo ser humano fosse salvo, reconciliado".[3]

5   Aliviar os sofrimentos humanos está no coração do Evangelho. Quando aliviamos as provações dos outros, é ao próprio Cristo que o fazemos, é ele que encontramos. "O que vocês fazem ao mais humilde dos meus irmãos", diz ele, "é a mim que o fazem."[4]

6   Você está disposto a acolher uma luz do Evangelho, mesmo com uma fé bem pequena? "A luz brilha na escuridão, e a escuridão não conseguiu apagá-la."[5]

7   *Deus de todos os humanos, não te impões, não forças jamais o nosso coração, mas pões em cada pessoa a tua serena luz.*

8   Existem países onde se encontram casas para morrer que são visíveis. Na civilização ocidental, existem tais casas invisíveis. Crianças e jovens marcados por abandonos humanos são dilacerados até o mais profundo por rupturas afetivas. Os seus corações, por vezes, morrem de solidão. Sentem-se como diante de um oceano sem farol. Alguns perdem até o gosto pela vida. Seriam os abandonos humanos um dos mais fortes traumatismos do nosso tempo?

9 Em tudo a paz do coração, a alegria serena. Bem antes do Cristo, uma pessoa de fé já rezava: "Somente em Deus eu encontro paz; é dele que vem a minha salvação, ele é o meu protetor seguro".[6] No Evangelho, Cristo promete: "Deixo com vocês a paz. É a minha paz que eu lhes dou. Não fiquem aflitos, nem tenham medo".[7]

10 Seis séculos após Cristo, um pensador cristão, Isaac de Nínive, escreveu estas palavras de fogo: "Deus só pode dar-nos o seu amor". Quem compreende essa luminosa realidade, sente-se desafiado: como comunicar uma esperança tão sólida?

11 *Espírito Santo, Sopro do amor de Deus, tu colocas a fé no fundo de nossa alma. Ela é como um*

ímpeto de confiança mil vezes retomado no decorrer da vida. A fé só pode ser uma confiança bem simples, tão simples que fica acessível para todos.

12 É bom nos retirarmos por alguns dias no silêncio e na paz para deixar jorrar em nós o frescor de uma água viva. Em tempos antigos, Elias, o homem de fé, pôs-se a caminhar em busca de um lugar onde escutar a Deus. Subiu numa montanha deserta. Um furacão levantou-se, houve terremotos, um fogo violento se declarou. Elias percebeu que Deus não está nessas fúrias da natureza. Deus não é, jamais, o autor de sismos e infelicidades terrestres. Depois, tudo se acalmou, e houve o murmúrio de uma brisa leve. Elias cobriu o rosto. Ele compreendeu que a voz de Deus se comunica também por um sopro de silêncio.[8]

13 Já faz muito tempo que alguns irmãos de nossa comunidade vivem em Bangladesh, partilhando a existência dos mais pobres. Um deles escreveu: "Depois de um ciclone, alguns vizinhos nos dizem: por que todos estes males? Temos pecado tanto

contra Deus?". Seu sofrimento é amplificado pelo medo secreto de uma punição de Deus. Deus não suscita, jamais, o medo, nem a angústia, nem a desgraça. Ele partilha o sofrimento de quem atravessa a incompreensível provação. Ele nos ajuda, por nossa vez, a aliviar o sofrimento dos outros. Deus não quer nem as guerras, nem as desordens da natureza, nem a violência dos acidentes. Deus é inocente. Deus é a inocência.

14 Um clarão do Evangelho, há muito tempo esquecido sob a poeira dos anos, foi redescoberto: "Mesmo quando ignorado, Cristo Ressuscitado está presente, ele está unido a cada ser humano sem exceção".[9]

15 *Deus de todo amor, tu nos enches de um frescor de Evangelho quando a confiança do coração está no começo de tudo.*

16 Feliz quem pode dizer esta oração: "Tu, Cristo, vês quem eu sou. Sinto necessidade de não te esconder nada do meu coração. Tu também foste homem. Quando, interiormente, o meu ser se dispersa, o coração sedento chega a te dizer: faz-me viver de ti, Jesus Cristo, reúne o meu desejo e a minha sede".

17 Onde estaríamos, hoje, se mulheres, homens, jovens e também crianças não tivessem arregaçado as mangas quando a família humana estava gravemente ameaçada? Eles não disseram a si mesmos: "Deixemos as coisas como estão!". Prepararam um caminho de confiança para além das desavenças entre pessoas, povos e famílias espirituais. As suas vidas testemunham que o ser humano não foi criado para o desespero.

18 Amar é uma palavra muitas vezes maltratada. Amar é fácil dizer. Viver o amor que perdoa é bem diferente.

19 *Jesus, nossa alegria, na tua presença compreendemos que o Evangelho nos convida a dar a nossa vida.*

Teu amor permanece mesmo se nós te esquecemos, e tu derramas o Espírito Santo sobre nós.

20 Desde os apóstolos, desde a Virgem Maria e os cristãos dos primeiros tempos, houve um convite a viver com grande simplicidade e a partilhar. Uma das puras alegrias do Evangelho é avançar, ainda e sempre, em direção a uma simplicidade do coração que conduz a uma simplicidade de vida.

21 Simplificar não significa, jamais, escolher um rigorismo frio, sem bem-querer, cheio de julgamentos daqueles que não partilham uma mesma opção. Se a simplicidade de vida se tornasse sinônimo de morosidade, como ficaria aberta ao Evangelho? O espírito de simplicidade transparece em sinais de alegria serena e no contentamento do coração. Simplificar é um convite para dispor o pouco que temos na simples beleza da criação.

22 Com quase nada, antes de tudo pelo dom da nossa vida, o Cristo Ressuscitado espera que em nós

fiquem perceptíveis tanto o fogo como o Espírito.[10] Mesmo sendo bem pobres, não apaguemos o fogo, não apaguemos o Espírito.[11] Neles se acende a surpresa de um amor... E a tão humilde confiança da fé se transmite como o fogo, de uma pessoa a outra.

23 *Jesus, nossa confiança, teu Evangelho traz consigo uma tão bela esperança que gostaríamos de dar tudo de nós mesmos para te seguir. Então, irresistivelmente, surge uma pergunta: onde está a fonte da nossa esperança? Está em nos abandonar a ti, Cristo.*

24 Em Taizé, certo dia, uma criança dizia: "Meu pai nos deixou. Eu não o vejo nunca, mas ainda o amo e à noite rezo por ele". Sem saber, essa criança vivia o milagre do bem-querer do coração.

25 Aquele que procura a reconciliação com um coração bem simples consegue atravessar situações endurecidas, assim como, no início da primavera, as águas de um riacho abrem uma passagem através da terra ainda congelada.

26 Um teólogo ortodoxo de Bucareste, padre Staniloae, que conheceu a prisão política, escreveu palavras tão essenciais que gostaríamos de decorá-las:

> Procurei Deus na gente do meu povoado, depois nos livros e nas idéias. Mas isso não me dava nem paz nem amor. Um dia, lendo os Padres da Igreja, descobri que se podia encontrar Deus, realmente, pela oração. Então compreendi, progressivamente, que Deus estava próximo, que ele me amava, e que meu coração se abria aos outros quando me deixava invadir por seu amor. Compreendi que o amor era uma comunhão com Deus e com os outros. Sem essa comunhão, tudo não passa de tristeza e desolação.[12]

27 *Espírito Santo, mistério de uma presença, tu nos inundas com inesgotável bem-querer. Por ele fazes desabrochar em nós uma vida de humilde confiança... E o nosso coração fica aliviado.*

28 O autodomínio, por amor aos outros, nos mantém acordados. A paz do coração, pelos outros e por si próprio, pode custar este preço: não se deixar dominar por emoções, ou impressões, que tantas vezes a imaginação amplifica.

29 Quando escuridões e dúvidas assaltam você, por que não as manter a distância? Tantas vezes elas são apenas buracos de incredulidade, nada mais. Por que se ver como uma terra ressecada? Quando chega o orvalho, lágrimas da manhã, uma sede estanca-se no deserto de sua alma.

30 Existirá em nós um abismo de medos e de dúvidas? Alegria! Alegria da alma! O abismo de inquietações em nós chama outro abismo: a inesgotável compaixão do amor de Deus. Então há uma descoberta: a confiança estava bem perto, e muitas vezes nós o ignorávamos.

31 *Jesus Cristo, quando pensamos estar sós, tu estás presente. Se existe em nós como uma dúvida, nem por isso tu nos amas menos. Gostaríamos de ousar correr riscos por causa de ti, Cristo. Ouvimos a tua palavra: "Quem dá a sua vida por amor, a reencontrará".*[13]

Fevereiro

1º Nada é mais belo do que um rosto tornado transparente por toda uma vida de dores e alegrias, combates e paz interior.

2 Quando Maria e José apresentam Jesus no Templo, eles só têm duas pombas para oferecer.[1] Não somos nós também pobres do Evangelho que buscam a Deus, muitas vezes tateando? Deus fica atento àquilo que em nós é frágil.

3 *Deus de paz, não queres para nós a tenaz inquietação, mas um humilde arrependimento do coração. Ele é como um ímpeto de confiança que nos permite depositar em ti o que pesa sobre nós. E na luz do perdão descobrimos uma paz do coração.*

4 Tantos cristãos encontram na oração a coragem de assumir responsabilidades. Correm os riscos da fé ao se manterem nas próprias fontes do Cristo.

5 Certo dia, santa Teresa de Ávila e são João da Cruz estavam reunidos para uma refeição. Foram trazidas passas. João da Cruz declara: "Não as comerei, porque ficam fora do alcance de muita gente". Teresa de Ávila respondeu: "Mas eu comerei, para louvar a Deus por essas passas".

6 *Tu, Cristo de compaixão, por teu Evangelho descobrimos que não leva a lugar nenhum querer medir o que somos ou não somos. O essencial está na bem humilde confiança da fé. Nela nos é dado compreender que "Deus só pode dar-nos o seu amor".*

7 Feliz quem ousa se dizer, quando surpreendido por uma situação desconfortável: "Sou como um passarinho que canta numa moita de espinhos".[2] O Evangelho nos convida a acolher o Espírito Santo na parte de nós mesmos em que mora o coração da nossa infância.

8 Você que caminha junto com Cristo, não se surpreenda da palavra que ele diz: "Quem pôs a

mão no arado não pode olhar para trás".[3] Cristo convida você a deixar para trás as amarguras e as queixas, tudo o que corrói um sim de eternidade. Esse sim poderia adormecer? Ou manterá você alerta a vida inteira?

Fevereiro

9 Temos a impressão de termos dado as costas a Cristo? Ele não dá as costas a nós. Pensamos tê-lo abandonado? Ele está presente. Aí está o imprevisto. Aí está o inesperado.

10 *Jesus, nossa confiança, desde a tua ressurreição tu nos iluminas por uma luz interior. Por isso podemos dizer-te: sem ter-te visto, nós te amamos; sem ver-te ainda, nós cremos. E tu procuras derramar sobre nós uma alegria além do que as palavras podem dizer, e que já nos transfigura.*[4]

11 Quando a timidez impede de pedir perdão, por que não ousar um gesto bem simples que não precisa de palavras: estender a mão para que o outro faça nela o sinal do perdão, o sinal-da-cruz?

12 A oração faz descobrir onde repousar a nossa alma. E aparece esta realidade escondida aos nossos olhos: Cristo nos acompanha sempre pela misteriosa presença do seu Espírito Santo. Mesmo abatido, o coração pode tornar a cantar: "Tua compaixão me visitou".

13 *Tu, Cristo, estás unido a cada ser humano, mesmo a quem não tem consciência disso. Mais ainda, Ressuscitado, tu vens curar a ferida secreta da alma. Aí se abrem para cada pessoa as portas da compaixão do coração.*

14 A paz começa em nós mesmos. Já no século IV, santo Ambrósio de Milão dizia: "Comecem em vocês a obra de paz, para que, uma vez pacificados, possam levar a paz aos outros".[5]

15 Às vezes, surgem incoerências nessa comunhão de amor que é o corpo de Cristo, sua Igreja. Elas fazem sofrer muito. Vamos fugir, então? Não, isso nunca. Só nos resta acorrer para apoiar uma renovação no Povo de Deus.

16 O espírito de infância, a simplicidade segundo o Evangelho não têm nada de ingênuo. Vêm acompanhados de discernimento. Supõem uma maturidade. Longe de serem simplistas, deixam-se penetrar por uma lucidez.

17 *Jesus, nossa paz, pelo Espírito Santo sempre vens a nós. Aqui, nos recônditos da nossa alma, está a descoberta de uma presença. Nossa oração pode ser bem pobre, mas tu rezas até mesmo no silêncio do nosso coração.*

18 A dúvida pode ser corrosiva. Faz mergulhar no fundo de um poço. Mas permanece uma luz pelo alto. A escuridão não é uma noite completa, ela não é trevas. Não invade a pessoa totalmente. A luz de Cristo a penetra.

19 Aquele que abre o Evangelho pode ter a seguinte impressão: que as palavras de Jesus são como uma carta muito antiga dirigida a mim numa língua desconhecida. Mas, como foi mandada por alguém que me ama, Cristo, eu tento compreendê-la, e coloco em prática na minha vida o pouco que consigo decifrar.

20 Jesus Ressuscitado, no teu Evangelho descobrimos uma esperança tão clara. Ela sustenta a fé, mesmo em situações aparentemente sem saída. Tamanha esperança reinventa o mundo.

21 As crianças são uma felicidade tão grande na vida! Quem conseguirá expressar bem o que algumas delas podem transmitir, a ponto de serem um reflexo da invisível comunhão...

22 Entre os cristãos do Oriente, há quem pratique a oração do nome de Jesus. Para alguns, dizer e redizer esse único nome, "Jesus", preenche uma comunhão. Outros cristãos pelo mundo afora oram incansavelmente com algumas palavras: "Jesus Cristo, não deixes que minha escuridão me fale; que eu saiba acolher o teu amor". Ou, ainda, eles dizem esta antiga oração: "Que nada te assuste, só Deus basta". Ou ainda, a todo momento,

estão rezando: "Tenho sede em minha alma, tudo poder abandonar em ti, Cristo". É onde uma busca encontra a paz.

23 Os que procuram acompanhar Cristo por um sim de toda a vida não ignoram que há fragilidades neles. Nos dias em que a confiança parece desvanecer, eles se lembram destas palavras do Evangelho: "Venha comigo e você descobrirá onde repousar o coração".[6]

24 *Jesus Cristo, Salvador de toda vida, tu não queres para ninguém a angústia interior. Tu vens clarear o mistério do sofrimento humano, depositando em nós o consolo dado pelo Espírito Santo.*

25 O coração ferido ou humilhado encontra paz quando, sem esperar um instante, confia a Deus os que o ofenderam ou maltrataram.

26 Existem na nossa vida opções que vêm direto do Evangelho: o perdão, a reconciliação, o

combate interior para se manter na fidelidade. Feitas por causa de Cristo, essas opções exprimem o nosso amor por ele.

27 Dois séculos depois da morte de Cristo, uma pessoa de fé escrevia: "A vocação que Deus dirige aos cristãos é tão bela que eles não podem fugir".[7] Fugir de quê? Fugir das responsabilidades encontradas nas fontes da fé.

28 *Jesus, nossa esperança, mesmo quando somos frágeis e desprovidos, queremos acima de tudo compreender que tu nos amas. Clareias o caminho que nos conduz à compaixão do coração. Como aos teus discípulos, tu nos dizes: "Olhem para Deus e creiam no Evangelho".*

29 Haverá um futuro para a pessoa humana sem perdão, sem reconciliação? Sem reconciliação, que futuro existe para os cristãos?

Março

1º Na nossa vida de comunidade, sabemos que a simplicidade e a bondade do coração são valores indispensáveis. Fazem parte dos mais claros reflexos da beleza de uma comunhão.

2 Quanta vigilância é necessária para não colocar uma etiqueta na testa de quem quer que seja! Ter do outro uma imagem rígida pode imobilizar nele todo um desenvolvimento interior.

3 Jesus Cristo, desde o começo estavas em Deus.[1] Desde o nascimento da humanidade, tu eras Palavra viva. Vindo entre nós, tu tornaste acessível a humilde confiança da fé. Virá o dia em que poderemos dizer: sou de Cristo, pertenço a Cristo.

4 Certos cristãos ficam profundamente desnorteados quando ouvem dizer que a sua fé é ilusória. E a dúvida pode introduzir-se na alma. Mas a dúvida não precisa inquietar. Uma liberdade interior abrirá uma passagem da dúvida para a confiança.

Março

O Evangelho dirá sempre a cada pessoa: "Procure, procure, e você encontrará".

5 Estamos passando por um período árido? Incansavelmente, Deus nos procura. E nós o descobriremos como se fosse pela primeira vez. Mesmo esquecido, ele não se nega, jamais, a nos acompanhar. E como as árvores florescem na primavera, ele faz florir os desertos da alma.

6 *Contigo, Cristo, avançamos da sombra para a luz. E o Espírito Santo faz desabrochar em nós uma paz do coração.*

7 A oração nem sempre faz jorrar uma efusão de amor por Cristo. Quando o fervor se dissipa, chegam momentos em que aparece esta realidade: não foi ele, o Ressuscitado, que se afastou, sou eu que estou ausente.

8 Uma confiança em Cristo pode ser percebida já na infância. Acompanhar uma criança a um lugar

de oração, parar com ela diante de um ícone, e sua vida pode ser como que irradiada por uma invisível presença. Uma chama se acendeu. É possível que, num futuro próximo ou distante, ela queime no íntimo do seu coração.

9 Buscar de qualquer jeito uma felicidade muitas vezes afasta-a. Uma paz do coração, uma alegria serena são oferecidas a quem ousa dar até a própria vida por amor a Cristo.

10 Deus de misericórdia, tu enterras o nosso passado no coração de Cristo e cuidarás do nosso futuro.

11 O Evangelho nunca chama à morosidade. Não deita um olhar pessimista sobre o ser humano. Muito pelo contrário, procura despertar em nós uma alegria tranqüila.

12 Há pessoas para quem Deus é um tal deslumbramento que ficam como que cegas e se dizem

Março

agnósticas. Elas conhecem de Deus sobretudo o seu silêncio.

13 Em tudo, a paz do coração. A paz do nosso coração sustenta o dom de uma pacificação naqueles que nos cercam. A paz do coração abre para uma alegria serena. É uma das suas fontes.

14 *Jesus Cristo, tu nos chamas a dar a nossa vida por amor.[2] Se há em cada pessoa uma parte mais ou menos grande de escuridão, há também a tua presença, o teu Espírito Santo.*

15 Uma realidade nos ultrapassa: por que Deus nos chamou a ser portadores da esperança de Cristo, a nós que somos frágeis como vasos de barro? É que a irradiação vem de Deus, não de nós.[3]

16 "Deus só pode nos dar o seu amor." O que ele nos pede, acima de tudo, é que nos abandonemos nele. Então nos aguarda uma descoberta! A sua compaixão reanima uma inesgotável bondade no íntimo do nosso coração.

17 *Espírito Santo, numa comunhão contigo, mesmo quando uma oração parece não ser ouvida, por ela já agiste em nós.*

18 Quem caminha de começo em começo, numa vida de comunhão com Jesus Cristo, não fixa o seu olhar sobre os próprios progressos ou recuos. De dia e de noite, germina e cresce a semente do Evangelho, depositada no mais profundo do ser.[4]

19 Uma alegria do Evangelho se retira da nossa vida quando somos atingidos por provações? Uma alegria do Evangelho pode ser devolvida a quem enfrenta extremas dores do coração. Ela é consolo no mais íntimo do ser.

20 *Jesus, nossa paz, teu Espírito Santo é um fogo que nunca diz: "Já chega".[5] Tu vens derramar sobre nós o mesmo Espírito Santo que derramaste sobre os teus discípulos após a ressurreição.*

21 Mesmo o vale de lágrimas pode tornar-se um lugar de fontes.[6] Então ficamos livres para deitar um olhar poético sobre as pessoas e sobre as coisas... livres para perceber já nesta terra a alvorada de uma vida que não terá fim.

22 Quando as mutações da sociedade se aceleram, os mais idosos podem ser expostos a situações delicadas. Eles precisam de compaixão, às vezes mesmo de consolo. Como ir adiante, sem por isso afundar os mais idosos num abismo de inquietação?

23 Repousar-se em Deus significa já tocar o oásis em que as nossas sedes se saciam quando sobrevêm os silêncios da alma.

24 *Jesus, nossa esperança, tu vens fazer de nós humildes do Evangelho. Queríamos tanto compreen-*

der que o melhor em nós se constrói por uma confian-
ça bem simples, acessível mesmo a uma criança.[7]

25 Diante do convite do Evangelho a um sim por toda a vida pode surgir a pergunta: como vou agüentar? O sim fascina, e ao mesmo tempo pode assustar. E vem a hesitação. Mas um dia virá a descoberta de se encontrar a caminho com Cristo: pelo Espírito Santo, o sim já havia sido depositado no recôndito do ser. E a resposta de Maria se torna acessível: "Que aconteça comigo o que o senhor acabou de me dizer".[8]

26 Os desertos do coração existem. Mas é como se fossem menores do que se poderia supor! O Espírito Santo, o Espírito Consolador, não está em cada pessoa?

27 Olhar para trás vendo aquilo que machucou, demorar-se nos fracassos, paralisa até as fibras da alma. Através de novos começos, o Espírito Santo realiza este milagre: ele liberta, ele apaga, ele leva a amar.

28 Espírito Santo, Espírito Consolador, feliz quem se volta sempre de novo para ti! A nossa busca encontra uma resposta do Evangelho quando, mesmo sem palavras, nós te remetemos a nossa vida e a dos outros.

29 Soprar sobre as dores passageiras como uma criança sopra sobre uma folha seca. Não se agarrar às inquietações como a mão que aperta um galho de espinhos, mas soltar-se e deixar-se acolher por Cristo.[9]

30 Seja qual for o ponto aonde chegamos, incansavelmente, Cristo Ressuscitado nos procura. Será que o escutamos bater à porta do nosso coração quando ele nos diz: "Venha comigo"?[10]

31 Jesus, nossa paz, procuras ser tudo para nós. Se a tentação nos sugere te abandonar, tu, Cristo, pobre e humilde de coração, oras em nós.

Páscoa
e
Pentecostes

Quinta-feira santa

Às vésperas de ser torturado sobre uma cruz, Jesus retirou-se para rezar no Getsêmani. Ele nos pergunta como perguntou aos seus discípulos: "Vocês aceitam ficar comigo para vigiar e orar?".[1]

Sexta-feira santa

Quando o nosso olhar se fixa sobre o rosto de Jesus na cruz, gostaríamos de dizer a ele: "Salvador de todos os humanos, a tua vida conheceu o fracasso. Carregado de dores, não ameaçaste ninguém.[2] E carregas conosco as nossas provações".[3]

Sábado santo

Jesus Cristo, tu desces até o mais baixo da nossa condição humana. Mais ainda, tu vais até visitar os que morreram sem ter-te conhecido na terra.[4]

Domingo de Páscoa

Jesus Cristo, mesmo se a tua ressurreição acendesse em nós apenas uma chama fraquinha, ela nos permitiria viver uma comunhão contigo. Por teu Evangelho compreendemos que não vieste sobre a terra apenas para uma parte da humanidade, mas para todas as pessoas, mesmo se elas não têm consciência de tua presença.

Domingo de Pentecostes

Jesus, nossa paz, pelo Espírito Santo tu continuas sendo para nós hoje o que fostes para os teus sobre a terra. No teu Evangelho, tu nos prometes: "Nunca os deixarei sozinhos, eu lhes enviarei o Espírito Santo, ele será um apoio e um consolador, ele ficará com vocês para sempre".[5]

Abril

1° Se Cristo não tivesse ressuscitado, ele não estaria ao nosso lado hoje. Seria um personagem notável na história da humanidade. Mas não seria possível descobrir uma comunhão nele, e falar com ele em oração.

2 A alegria e a paz do coração são valores incomparáveis para seguir a Cristo. O medo e a inquietação podem enfraquecer a confiança da fé.

3 *Deus, nosso Pai, na humilde oração nós nos lembramos da palavra que uma pessoa de fé dirigiu a Jesus: "Eu tenho fé, Senhor, mas ajude-me a ter mais fé ainda".[1] A tua misericórdia vem sustentar a nossa fé, mesmo quando permanece em nós uma parte de descrença.*

4 Quem conheceu na juventude a proximidade da morte, pode pressentir que é o íntimo de si mesmo que precisa de cura, mais do que o corpo. De uma infância ou juventude carregada de pro-

Abril

vações pode nascer a audácia de correr riscos pelo Evangelho. Próxima está a confiança...

5 Podemos chegar a ponto de perguntar a Cristo Jesus: "Que será que se passa em mim? Por que esses momentos em que se esgota a perseverança? À tua procura, como é que posso demorar-me com sugestões estranhas ao Evangelho? Explica-me a mim mesmo!".

6 Não fiquemos inquietos quando, na oração, a linguagem humana mal consegue expressar o mais profundo de nós mesmos. Numa oração toda silenciosa, nós descansamos em Deus, de corpo, alma e espírito.

7 *Jesus, alegria dos nossos corações, tu permaneces ao nosso lado como um pobre e também como o Ressuscitado. Tu não queres fazer de nós pessoas mornas, mas cheias de vida. Cada vez que se cria uma distância entre nós, tu nos convidas a descobrir a tua presença oferecida a todos, sem exceção.*

8 Na tarde da sua ressurreição, Jesus aproximou-se de dois dos seus discípulos a caminho do povoado de Emaús. Mas eles não se deram conta de que era o Ressuscitado que caminhava ao seu lado.[2] Existem momentos na vida em que se apaga a consciência de que o Ressuscitado nos acompanha pelo Espírito Santo. Mas reconhecido ou não ele está aí, mesmo quando nada o deixa pressentir.

9 Se, na simplicidade da fé, pudéssemos compreender que Cristo Ressuscitado é, antes de tudo, comunhão... Ele não veio criar uma nova religião, mas oferecer a todo ser humano este mistério de uma comunhão no seu corpo, a sua Igreja.

10 Jesus Ressuscitado, tu acolhes na vida que não termina os que nos precederam. Eles já contemplam o invisível, e às vezes ficam tão próximos de nós. Quando sobrevém a dor, tu nos amas mais ainda. E por teu Espírito Santo consolas e pacificas.

11 Tantos homens e mulheres pensam que nunca estão cuidando o bastante dos que lhes são confiados!

Então, passam a se julgar. Estariam esquecendo a palavra de são João: "Se o nosso coração nos condena, Deus é maior do que o nosso coração"?[3]

12 Quem enxergará a angústia dos inocentes: crianças marcadas por rupturas afetivas e abandonos, pessoas idosas deixadas num insuportável isolamento? Quem acorrerá junto a eles?

13 Deus vem fazer de nós sinais vivos do seu Cristo. Pelo Evangelho compreendemos que, por nossas vidas, ele nos chama a transmitir um reflexo do seu amor.

14 *Tu, Cristo, se nos perguntas, como no Evangelho, "Você me ama?", nós balbuciamos a nossa resposta: Tu o sabes, Cristo, eu te amo, talvez não tanto quanto gostaria, mas eu te amo.* [4]

15 Acompanhar a Cristo no seu mistério pascal pode levar a descobrir uma alegria serena, mesmo na mais dura provação. Quando há um sofrimento intenso, o coração pode estar quebrado, mas não endurecido.

16 Quando uma pessoa compreende a beleza da criação, pode haver um arrebatamento, nem que seja apenas parcial. A contemplação é essa disposição interior pela qual a pessoa é tomada pelo encanto de um amor, pela beleza infinita do Deus vivo.

17 *Deus de todo amor, por que esperaríamos que o nosso coração fosse transformado para chegar a ti? Tu o transfiguras. Até mesmo nas nossas feridas fazes crescer uma comunhão contigo. E se abrem em nós as portas do louvor.*

18 Um cristão do Bangladesh, falando daqueles que, à sua volta, nada conhecem de Cristo, dizia: "Quando o fogo do amor de Deus está em nós, ele irradia, mesmo sem nos darmos conta disso".

19 Na sua vida terrestre, Jesus precisou ouvir uma voz humana lhe dizer: "Tu sabes que eu te amo".

Por três vezes, ele perguntou a Pedro: "Você me ama?".[5] Cristo faz esta mesma pergunta, antiga e sempre nova, a cada pessoa: "Você me ama?". E a cada pessoa Jesus Cristo pede estar atento àqueles que ele lhe confia.

20 O silêncio interior, a paz do coração não apaga nunca o apelo à solidariedade humana, que vem diretamente do Evangelho.

21 *Espírito Santo, mistério de uma presença, tu sopras em nós uma brisa leve, frescor da alma. É quando surge o inesperado, e nós voltamos a caminhar da dúvida para a claridade de tua luz.*

22 "Onde reina o amor, aí Deus está." Não fiquemos inquietos se não o percebemos. Onde há uma viva misericórdia, Deus está plenamente presente.

23 Quando um sentimento de inferioridade nos fragiliza, com surpresa podemos fazer esta descoberta: não são dons prestigiosos, e menos ainda

grandes facilidades, mas um amor vivo que abre a uma plenitude.

24 *Jesus, nossa alegria, quando estamos orando em silêncio, sem palavras, o simples desejo da tua presença já é o começo da fé. E jorram fontes na nossa vida: a bondade e a gratuidade, que vêm do Espírito Santo.*

25 Diante dos desafios do Evangelho, há pessoas que ficam tomadas por uma dúvida e se perguntam: "Será que tenho bastante fé?". Mas não é a nossa fé que cria Deus. Assim também, não são as nossas dúvidas que irão suprimir a existência de Deus.

26 Cristo não faz de nós pessoas bem-sucedidas. Ele nos guarda perto dele, transparentes como um céu depois da chuva, quando as flores se abrem.

27 Mesmo de noite iremos à fonte. No mais profundo dela cintila uma água viva onde estancar as nossas sedes. Seria a alma humana também

isso: a palpitação secreta de uma felicidade difícil de expressar em palavras?

28 Jesus Ressuscitado, às vezes o nosso coração te chama como o homem de fé do Evangelho: "Eu não mereço que o Senhor entre na minha casa. Diga somente uma palavra e ficarei bom".[6] No íntimo da nossa vida, teu Evangelho é luz em nós, tua eucaristia é presença em nós.

29 Quando o ímpeto de seguir a Cristo parece esmorecer, ainda é possível abandonar-se ao Espírito Santo, tudo entregar a ele, tudo confiar-lhe. Que volte o dia em que o nosso coração e espírito serão como terras sedentas dele... Mesmo tendo-o esquecido, continuávamos a amá-lo.

30 Seria a morosidade mais contagiosa do que a paz do coração? Certas pessoas pensam adquirir uma autoridade ao julgarem os acontecimentos com pessimismo. Mas fazendo isso não se estará abandonando um tesouro do Evangelho? Qual deles? O encanto, a simplicidade.

Maio

$1^{\underline{o}}$ Felizes as pessoas que vivem na confiança da fé, "pois verão a Deus!".[1] Como o verão? Não por meio de visões, mas como Maria, que, atenta, "guardava todas essas coisas no seu coração",[2] vendo a Deus com um olhar interior.

2 *Deus de toda eternidade, tu sabes que a linguagem humana não consegue expressar bem a nossa busca de comunhão contigo. Mas tu nos concedes o dom da tua presença invisível. Então desponta a madrugada de uma confiança.*

3 No século IV, um bispo de Milão, Ambrósio, estava muito preocupado ao ver que certos cristãos acumulavam bens. Então lhes escreveu: "A terra foi criada em comum e para todos. A natureza não conhece ricos. O que você dá ao pobre não é uma parte do seu patrimônio; você está restituindo ao pobre uma parcela do que é dele".[3]

4 Habitado pela fragilidade e pelo esplendor, pelo abismo e pela plenitude, o ser humano não é,

jamais, destinado ao desespero. Mesmo numa vida marcada por provações, percebe-se uma esperança.

5 *Jesus, luz do coração, jamais queríamos abandonar-te à beira do nosso caminho. Em nós aparecem recursos desconhecidos quando deixamos que transfigures as nossas fragilidades.*

6 Você amaria apenas os que amam você? Quase todos conseguem fazer isso sem precisar do Evangelho. Mas Cristo faz este convite quase incompreensível: amar mesmo aqueles que lhe fazem mal e rezar por eles.[4]

7 Atentos à construção da família humana, como ignorar que há povos que apresentam, hoje, a figura misteriosa do "servo sofredor" da Bíblia: humilhados, maltratados, sem nada para atrair o olhar? Eles carregam as nossas doenças...[5]

8 Que fazer das distrações quando estamos rezando? Não se preocupar. Deus conhece a nossa

busca. Ele percebe melhor do que nós a intenção e o íntimo do nosso ser.

9 Jesus, nossa paz, tu nos faz avançar pela fé e crer sem termos visto.[6] E ficamos aguardando uma luz interior que existe para todos.

10 Em presença de rupturas antigas ou recentes, a urgência para os cristãos, hoje, é de reconciliar-se por amor. Quem pode recusar quando é Cristo que chama? Como esquecer a sua Palavra: "Faça as pazes sem demora"?[7] Será o nosso coração bastante amplo, e a nossa imaginação bastante aberta, para entrar neste caminho do Evangelho: viver reconciliados, sem um dia de demora?

11 Você, que almeja acompanhar o Cristo Ressuscitado, se pergunta por qual sinal reconhecer que o encontrou? Você saberá compreender que ele vive, sempre, no mais profundo de você mesmo, no coração do seu coração?

12 Jesus Cristo, tu não vieste sobre a terra para julgar o mundo, mas para que, por ti, o Ressuscitado, todo ser humano encontre um caminho de comunhão.[8] Quando o amor vai até o perdão, o coração, mesmo provado, torna a viver.

13 Pelo Evangelho, sabemos que Cristo Ressuscitado nos acompanha sempre.[9] Podemos pedir-lhe: "Mostra-nos o caminho". E ele responde: "Estou aqui". Nós lhe dizemos: "Compreendes a minha oração, ela é como a de uma criança". E permanece em nós o desejo de uma oração bem simples.

14 Não o desânimo, mas a confiança do ser profundo: abandonar-se ao Espírito Santo, entregar-lhe, ainda e sempre, o que pesa sobre o coração.

15 Ficar passivo diante dos acontecimentos difíceis? Não, antes consenti-los. Às vezes, é possível construir-se interiormente através de uma provação...

16 *Jesus Cristo, tu jamais nos levas à vertigem do desânimo. Ao contrário, tu nos permites realizar uma comunhão contigo. Se existem provações para cada pessoa, existe, sobretudo, uma compaixão que vem de ti. Ela nos faz reviver.*

17 Deveríamos ficar inquietos por não pensar em Deus constantemente? Há sete séculos, um cristão da região do Reno, chamado mestre Eckhart, escrevia:

> Voltar-se para Deus, [...] não significa pensar em Deus o tempo todo. Isso seria impossível [...] e nem seria o melhor. O ser humano não pode contentar-se com um Deus no qual ele pensa. Pois, então, quando o pensamento se esvai, Deus também se esvairia... Deus está além dos pensamentos do ser humano. E a realidade de Deus nunca se esvai.[10]

18 Em nós um reflexo de Cristo. Não serve para nada procurar saber qual é. Existem tantas pessoas sobre a terra que irradiam a santidade de Cristo sem o saber, e talvez sem ousar acreditar que o fazem.

Maio

19 Deus de misericórdia, torna-nos capazes de mostrar um reflexo da compaixão de Cristo por nossa vida quando ficamos desnorteados pelo incompreensível sofrimento dos inocentes.

20 Um coração simples consente não compreender tudo do Evangelho. Ele pode dizer a Deus: "Não me apóio somente sobre a minha fé. O que eu não entendo, outros o entendem, e esclarecem o meu caminho".

21 Certas pessoas idosas, desprendidas de si mesmas, são indispensáveis às novas gerações. Elas escutam, e com isso descarregam um peso de inquietações. Mães e pais espirituais segundo o Evangelho são oferecidos cem vezes mais.

22 Na década de 1970, abalos nas sociedades às vezes feriram alguma coisa da consciência cristã. Foram feitos tantos julgamentos definitivos, tantas condenações severas. Sob essa pressão, certas

pessoas chegaram a não mais acreditar no valor do que tinham vivido até aquele momento. Em Taizé, dizíamos: os cristãos não podem ser "mestres da inquietação", mas sim "servidores da confiança".

23 *Procurar-te, a ti, Cristo, significa descobrir a tua presença mesmo na nossa íntima solidão.[11] Feliz quem se abandona em ti, Cristo.[12] Feliz quem se aproxima de ti na confiança do coração.*

24 Quando a Igreja não cansa de escutar, de curar, de reconciliar, ela se torna o que é no mais luminoso dela mesma: uma comunhão de amor, de compaixão, de consolação, límpido reflexo de Cristo Ressuscitado. Nunca distante, nunca na defensiva, liberta de severidades, ela pode irradiar a humilde confiança da fé até nos nossos corações humanos.

25 Quantas descobertas haverá no além! Ficaremos surpresos de encontrar aqueles que, sem conhecer a Cristo, viveram dele sem se dar conta disso.

26 De ti, Cristo Ressuscitado, pacífica, a tua Palavra se faz ouvir: "Por que se preocupar? Uma só coisa é necessária, um coração à escuta do Evangelho e do Espírito Santo". [13]

27 O ser interior se destrói em desgastantes remorsos. Permanecer em Deus, numa busca contemplativa, abre o caminho a consentimentos indispensáveis: consentir as nossas fragilidades, os nossos próprios limites. Então, aquilo que parecia insípido encontra um novo sabor. E brota uma paz do coração.

28 Precisamos estar em comunhão com Cristo. Essa comunhão reanima em nós uma vida interior. Viver para ele supõe uma existência às vezes exposta, não curvada sobre si.

29 Jesus, esperança dos nossos corações, algo da nossa vida é pacificado e mesmo transformado quando compreendemos que teu amor é, antes de tudo, perdão. Nós te perguntamos: que esperas de mim? Pelo

Espírito Santo, tu respondes: que nada perturbe você, ouse doar a sua vida.

30 A nossa oração é uma realidade simples, como um pobre suspiro. Deus sabe nos ouvir. Não esqueçamos que o próprio Espírito Santo está orando no coração da pessoa humana.[14]

31 A fé não pede que se destrua nem que se exalte o desejo humano, mas que o juntemos a um desejo ainda maior: a sede de Deus.

Junho

1º "Eu permaneço em vocês."[1] A eucaristia torna essa Palavra de Cristo atual, mesmo sem ressonância sensível ao coração, mesmo para quem nem ousa esperar tanto.

2 Salvador de toda vida, para te acompanhar escolhemos amar, nunca endurecer o nosso coração. Mesmo quando o mais profundo do ser é duramente provado, ainda resta uma saída, a da serena confiança.

3 No meio do século XX apareceu um homem chamado João, nascido numa humilde família de camponeses do norte da Itália. Anunciando um concílio, este homem idoso, João XXIII, pronunciou algumas palavras dentre as mais límpidas possíveis: "Não procuraremos saber quem esteve errado, não procuraremos saber quem tinha razão; diremos somente: reconciliemo-nos!".[2]

No último encontro com ele, pouco antes da sua morte, estávamos em três irmãos da nossa comunidade. Compreendíamos que João XXIII tinha um desejo profundo de que ficássemos tranqüilos quanto ao futuro da nossa vocação. Fazendo gestos circulares com as mãos, ele disse: "A Igreja Católica é feita de círculos concêntricos sempre maiores". O essencial já estava realizado, se seguíssemos adiante na paz do coração, em vez de ficarmos preocupados.

4 Na sua vida sobre a terra, Jesus orava, e seu rosto foi transfigurado de luz. Implorando, ele também orava com lágrimas.

5 *Jesus Cristo, quando multidões de crianças e jovens, marcados por abandonos humanos, são como estrangeiros sobre a terra, alguns se perguntam: "Minha vida ainda tem sentido?". Mas tu nos prometes: "Cada vez que aliviarem o sofrimento de um inocente, é a mim, Jesus Cristo, que o fazem".*[3]

6 Sobre a terra existem violências físicas, a guerra, a tortura, a morte... Existem também violências sutis que se dissimulam em jogos hábeis, na suspeita, na desconfiança, na humilhação.

"Em Deus não há violência. Deus não enviou o Cristo para nos acusar, mas para nos chamar a ele. Não para nos condenar, mas porque ele nos ama."[4]

7 Por seu perdão, Deus enterra o nosso passado no coração de Cristo, e pacifica as feridas secretas do nosso ser.

Regiões obscuras de nós mesmos se iluminam quando conseguimos exprimir a Deus tudo o que pesa na nossa vida e nos retém sob o peso de um julgamento. Há uma fonte de paz... e uma cura do coração se aproxima ao saber-se escutado, compreendido, perdoado por Deus.

8 Nem as desgraças nem a injustiça da pobreza vêm de Deus: Deus só pode dar o seu amor. Por isso é grande a admiração ao descobrir que Deus olha para todo ser humano com infinita bondade e uma profunda compaixão.

9 *Jesus, nossa esperança, a tua compaixão é sem limites. Temos sede de tua presença, tu que nos dizes:*

"Por que ter medo? Não tenha medo de nada, eu estou aqui".[5]

10 Um sim a Deus para a vida toda é fogo. Seis séculos antes da vinda de Cristo, Jeremias, o profeta, já o compreendeu. Desanimado, ele disse a si mesmo: "Não pensarei mais em Deus, não mais falarei em seu nome...". Mas veio o dia em que ele pôde escrever: "Havia em mim, no mais profundo do meu ser, como um fogo devorador. Queria contê-lo, mas não consegui".[6]

11 Mulheres, homens e jovens por toda a terra são fermento de reconciliação até nas fraturas da família humana. Habitados por uma confiança, eles têm tudo para devolver a coragem àqueles que estavam entregues à dúvida e ao desânimo, e para sustentar a bela esperança humana. Seremos um desses?

12 *Deus de misericórdia, tu te deixas perceber pela vida do teu Cristo.[7] Por ele nos dás esta clara certeza: teu amor é, antes de tudo, compaixão.*

13 Ficaríamos sem ser ouvidos quando oramos e nada parece acontecer? Não. Numa tranqüila confiança em Deus, toda oração encontra realizações. Podem ser diferentes daquilo que imaginávamos... pois Deus escuta em vista de um amor maior.[8]

14 Uma criança pode ser ferida por tensões familiares, por discussões que adultos têm em sua presença. Ela pode experimentar um sentimento de abandono. Então, nasce um apelo interior de não ser abandonada.

Muitas vezes nos perguntamos: que aconteceu com essa criança? Será que foi humilhada na escola, na rua, ou em outro lugar ainda? Haverá alguém para fazê-la atravessar o vazio que a atinge no mais íntimo?

Escutar uma criança, um adolescente supõe discrição e delicadeza, para não aumentar uma ferida.

15 Se houver sacudidas e mesmo abalos na nossa vida, Jesus Cristo está presente, por seu Espírito

Santo. Ele sempre nos dirá: "Mesmo na mais dura provação eu estou aí, aguardando... E estou também na mais profunda esperança".

16 Espírito Santo, nós gostaríamos de acolher-te com grande simplicidade. É antes de tudo pelo coração que tu nos permites penetrar o mistério de tua invisível presença no centro da nossa alma.

17 Jesus Ressuscitado não propõe uma vida sem luta interior quando diz no seu Evangelho: "Eu lhes dou a minha paz".[9] Ele convida a compreender que uma paz do coração se encontra, antes de tudo, no espírito de misericórdia.

18 Quando você demora longe de Deus e acaba esquecendo-o, ele sempre o procura e pronuncia estas palavras surpreendentes: "Em você, eu pus a minha alegria".[10]

19 Espírito Santo, mistério de uma presença, a tua voz se faz ouvir no fundo das nossas esperanças e dos nossos sofrimentos. Tu nos dizes: "Abra-se".[11] *E quando ficamos quase sem palavras, uma só pode ser suficiente para rezar.*

20 Na arte da música, aquilo que é impossível formular em palavras pode levar à contemplação. Uma música de um Johann Sebastian Bach torna perceptível toda a imploração humana. Então, levanta-se o véu sobre o Deus escondido da Escritura.

21 São João escreve estas palavras surpreendentes: "Entre vocês está *alguém* que não conhecem".[12] Quem é esse *alguém* no nosso meio? É Cristo Ressuscitado. Pode ser que mal o conheçamos, mas ele fica bem próximo de cada ser humano.

22 Feliz a pessoa que vive da confiança da fé! Ela descobre o mistério mais amplo que existe, o da contínua presença de Deus.

23 *Deus nosso Pai, gostaríamos de amar-te com todas as nossas forças, com toda a nossa alma.*[13] *Mas,*

tu bem o sabes, pode haver em nós resistências interiores. Dá-nos a audácia de pular essas muralhas, para ousar renovar ainda e sempre o sim ao dom da nossa vida.

24 João Batista já teve esta intuição: Cristo não vem para alguns, mas para todos. Aqui está uma das mensagens de alegria do Evangelho.[14]

25 O que Deus dá, por vezes, parece tão grande... e nós nos encontramos tão desprovidos! Ele oferece o que mal conseguimos imaginar: nosso coração é irresistivelmente habitado por Cristo, pelo Espírito Santo.

26 Existem regiões do mundo onde está havendo um desmoronamento da fé. Onde existe um vazio, podem desenvolver-se correntes de religiosidade com os mais diversos conteúdos. Então, surge a pergunta que nos habita: como preparar uma continuidade de Cristo onde desaparecem os seus traços?

27 *Abençoa-nos, Jesus Cristo, tu que vens apaziguar o nosso coração quando sobrevém o incompreensível, o sofrimento dos inocentes.*

28 No segundo século, Irineu, um cristão da terceira geração, teve a clara certeza de uma comunhão em Cristo. Ele deixou estas linhas: "O esplendor de Deus é o ser humano vivo. A vida do ser humano é a contemplação de Deus".[15]

29 Sabemos bastante? Há uma felicidade no humilde dom de si mesmo. E surge o inesperado. Chega o dia em que é oferecido o que não era esperado. Foram atravessados os caminhos de escuridão, as longas noites quase sem luz. As situações de luta, e mesmo de impasse, podem servir para nos construir interiormente em vez de nos enfraquecer.

30 "Amem os seus inimigos, façam o bem a quem odeia vocês, rezem por aqueles que falam mal de vocês."[16] Compreender estas palavras de Jesus Cristo supõe ter atravessado desertos interiores...

Julho

1º Jesus Ressuscitado, dá-nos um coração decidido que te permaneça fiel. Se hesitarmos, perguntando: "Será possível?", o teu Evangelho vem abrir os nossos olhos ao teu amor: ele é perdão, ele é luz interior.

2 É bom ligar-se a algumas realidades do Evangelho e retomá-las a todo momento, para aprofundar-se na confiança em Deus: "Em tudo a paz do coração, a alegria, a simplicidade, a misericórdia".

3 Seríamos surpreendidos por uma dúvida? Nem por isso nos imobilizemos! Mesmo quando Jesus estava sobre a terra, havia ao seu lado discípulos que duvidavam. A um deles ele disse: "Felizes são os que não viram, mas assim mesmo creram".[1]

4 Para comunicar o Cristo, haveria uma luz mais transparente do que uma vida toda de perdão e de infinita bondade, em que a reconciliação se torna concreta dia após dia?

5 Deus de todo amor, temos sede de escutar-te quando ressoa em nós o teu chamamento: "Levante-se, que viva a sua alma!". Gostaríamos de nunca escolher a escuridão ou o desânimo, mas acolher a claridade do louvor.

6 Se não houvesse um desmoronamento dos valores espirituais em numerosos países, a nossa comunidade não teria sido levada a receber, semana após semana, jovens não somente nórdicos, eslavos e mediterrâneos, mas também dos outros continentes.

Vendo todos esses rostos de jovens sobre o nosso morro de Taizé, compreendemos que eles vêm com perguntas vitais: "Que é que Jesus Cristo espera de mim? Como encontrar nele um sentido para a minha vida?". Sem o pressentir sempre claramente, eles procuram seguir o Cristo.

Com os meus irmãos, é importante que respondamos à sua confiança, sendo, antes de tudo, homens de oração e de escuta, nunca mestres espirituais.

7 Na época de João XXIII, havia em Constantinopla uma santa testemunha de Cristo da mesma estirpe profética, o patriarca ortodoxo Atenágoras. Numa visita feita a ele, o que estimulava a esperança era compreender que esse homem de 86 anos irradiava paz por perto e para longe, embora com poucos meios e exposto a uma situação complexa. Ele tinha a grandeza da generosidade. Não lhe foram poupadas as provações. Apesar de tudo, continuava cheio de esperança. "Quando, à noite, eu entro no meu quarto", dizia ele, "deixo as preocupações atrás da porta e digo: amanhã veremos!"

8 Um cristão dos primeiros tempos escrevia: "Não fiquem ansiosos!".[2] Quando depositamos em Cristo as preocupações que nos retêm longe dele, ele nos faz descobrir esta realidade: "A sua força estará na calma e na confiança".[3]

9 *Jesus, amor de todo amor, estiveste sempre em mim e eu o esquecia. Estiveste no coração do meu coração e eu te procurava em outro lugar. Quando eu ficava longe de ti, tu me esperavas. Agora ouso dizer-te: tu, Cristo, és a minha vida.*

10 No ser humano há, muitas vezes, uma insondável sede de liberdade. Como a mais bela medalha, essa sede pode ter um reverso. O que seria uma liberdade cuja utilização egocêntrica ferisse a dos outros? A liberdade está intimamente ligada ao perdão e à reconciliação.

11 Quanto tato espiritual, quanta atenção são indispensáveis para que o medo de Deus não entre no coração de uma criança! "Deus é amor."[4] Se viver de Deus significasse ter medo de castigo, onde estaria o Evangelho?

12 Maturações são necessárias em todas as idades. Elas precisam de tempo. Para que se impacientar diante de si mesmo? Ir de começo em começo, de etapa em etapa, pode abrir uma saída para além do desânimo.

13 Oh, Ressuscitado! Pouco a pouco acende-se uma chama nos recônditos do nosso ser quando temos o simples desejo de acolher o teu amor. Animada pelo Espírito Santo, essa chama pode ser bem frágil, mas ela sempre fica acesa. A confiança da fé torna-se o nosso canto quando compreendemos que tu nos amas.

14 Deixar-se habitar por Cristo Ressuscitado e viver intensamente o momento presente... Sua Palavra é tão límpida: "Hoje, eu gostaria de entrar na sua casa".[5] Hoje, não amanhã.

15 Cada ser humano tem sede de ser amado e também de amar. Não é por nada que o Evangelho nos torna atentos para não nos fecharmos num isolamento.

16 Na oração, muitas vezes, reflexões e imagens atravessam o espírito. Quando nos surpreendemos a dizer: "Meus pensamentos se perdem, meu coração se dispersa", o Evangelho responde: "Deus é maior do que o nosso coração".[6]

17 Espírito Santo, a tua presença é oferecida a cada pessoa. Em ti encontramos a consolação com a qual tu podes inundar as nossas vidas. E pressentimos que, na oração, podemos entregar-te tudo.

18 Deixaremos nos questionar por esta Palavra de Cristo, embora pouco acessível no primeiro momento: "Quem dá a sua vida por amor a mim, a reencontrará"?[7]

Como reencontraremos a vida? Numa existência cheia de atenção e de bem-querer do coração. Então, Cristo, ele próprio, se tornará a nossa vida.

19 Quando a noite fica densa, seu amor é um fogo. E pega fogo o que permanecia em brasa debaixo da cinza.

20 Nada fere mais que a ruptura de uma profunda afeição humana. O coração, por vezes, não sabe mais o que pensar. Para se proteger, para sofrer menos, ele pode se endurecer.

Mas Cristo, quando rejeitado, não se revolta. E é a esse Cristo que seguimos.

21 Jesus, nossa paz, se os nossos lábios guardam o silêncio, nosso coração te escuta e também te fala. Dizes a cada pessoa: abandone-se bem simplesmente ao Espírito Santo; a sua pequena fé alcança isso.

22 Dostoiévski deixa pressentir que há nele dúvidas profundas, mas nem por isso o seu amor por Cristo fica afetado. Ele escreveu: "Foi através do vazio da dúvida que passou o meu 'hosana'".[8] Através da passagem cavada pela dúvida, um reflexo de Cristo o penetrou.

23 Deus de toda eternidade, que o saibamos ou não, o teu Espírito Santo é luz em nós. Ele ilumina as sombras tenebrosas da nossa alma. Ele as inunda com a sua invisível presença.

24 A compaixão do coração permite rezar mesmo por aqueles que desfiguram as nossas intenções.

25 O convite para seguir a Cristo coloca a pessoa diante de uma alternativa: escolher o tudo ou o nada. Não existe meio-termo. Mesmo surpreendidos por uma névoa de hesitações, gostaríamos de escutar Cristo quando diz: "Venha e siga-me. Eu conduzirei você às fontes de água viva,[9] fontes do Evangelho".

26 *Jesus, nossa paz, tu nunca nos abandonas. Sempre o Espírito Santo abre um caminho para nós: repousar em Deus, abismo de compaixão.*

27 Seremos daqueles que se põem a rezar numa igreja mesmo sozinhos? Tantas vezes basta uma só pessoa para que um dia outras se animem.

28 Viver reconciliado, sempre de novo: não seria urgente realizar, hoje, esta alegria do Evangelho para multidões de cristãos que são inocentes das separações vindas da história passada?

29 Deus de misericórdia, tu conheces a nossa busca de sermos reflexo de tua presença e tornarmos bela a vida dos que nos confias.

30 Há pessoas que chegam ao fim da vida num grande isolamento. Alguns acham que não realizaram nada. Quem rezará por elas, pedindo a consolação do Espírito Santo?

31 Consentir, e consentir ainda, as provações tantas vezes ligadas à vida humana. Buscar em tudo a paz do coração. Então, a vida se torna bela... e a vida será bela. E surge o inesperado.

Agosto

1º Jesus Cristo, nós procuramos o teu olhar. Ele vem dissipar a dor e a inquietação. Por teu Espírito Santo, tu nos comunicas intuições, às vezes, tão leves...

2 Se, ao acordar de manhã, o espírito do louvor enchesse o coração, poderia surgir um ímpeto interior na monotonia dos dias.

3 Neste período da história, a consciência cristã conhece um despertar diante do sofrimento ao redor do mundo. São numerosos os que procuram soluções e respostas junto aos esquecidos da terra. A fé os leva a assumir responsabilidades humanas.

4 Jesus, nossa alegria, tu queres um coração bem simples para nós, como uma primavera do coração. Então, as coisas complicadas da vida nos paralisam menos. Tu nos dizes: "não fique inquieto, sempre estou com você".

5 Por que um doente, uma pessoa idosa ficariam tristes pensando: "Não faço nada pelos outros"?. Teriam eles esquecido que a sua humilde oração é acolhida em Deus?

6 Reviravolta do Evangelho nas nossas vidas: pelo Espírito Santo, Cristo vem atravessar em nós mesmos as forças contraditórias sobre as quais a vontade tem pouco domínio. Ele deposita em nós um reflexo do seu rosto, transfigurando o que nos inquieta em nós mesmos.

7 *Espírito Santo, tu sopras sobre o que é frágil. Acendes dentro de nós uma chama de viva caridade que mantém brasa debaixo das cinzas. Por ti, mesmo os medos e as noites do nosso coração podem se tornar madrugada de uma vida nova.*

8 Para descobrir uma esperança, precisamos de ícones vivos, ou seja, de testemunhas da confiança da fé.

9 No Evangelho, um dia, Jesus disse a seus discípulos: "Deixem que as crianças venham a mim, pois o Reino de Deus é das pessoas que são como essas crianças".[1] Cristo é bem acessível a um coração simples.

10 Num diálogo, quando somos contestados, mesmo que duramente, podemos encontrar uma paz do coração entregando ao Espírito Santo aqueles com quem estamos conversando. Sem que eles se dêem conta disso, é claro!

11 *Jesus de misericórdia, tu nos ofereces estar em comunhão contigo. O nosso coração fica alegre quando compreendemos que ninguém está excluído do teu perdão e do teu amor.*

12 Certas regiões do mundo são terras desertas para a fé. Mas há pessoas que crêem. Habitadas pelo frescor de uma vida segundo o Evangelho, superam montanhas de indiferença em volta de si.

13 O nosso desejo de descobrir a única realidade — a misteriosa presença de Deus em nós — torna-se ainda mais ardente numa vida contemplativa, quando o essencial parece escondido aos nossos olhos.

14 Deus da paz, teu Evangelho nos torna atentos aos que conhecem a violência, a perseguição, o exílio. Tu nos chamas para aliviar os sofrimentos na família humana.

15 Não são somente os grandes que determinam as mudanças do mundo. Podia a Virgem Maria imaginar que o seu "sim" a Deus seria tão essencial? Do mesmo modo que ela, tantos humildes da terra preparam caminhos de pacífica confiança.

16 Pais podem ser grandes ausentes, mesmo quando se preocupam em suprir as necessidades materiais. Referindo-se à parábola do filho pródigo, um jovem nova-iorquino afirmava: "Na minha família, não foi o filho quem partiu, foi o pai que nos deixou".

17 Viver do Espírito Santo é reencontrar o Evangelho no seu vigor primeiro, em todas as idades. Não existe um só dia que não possa ser um hoje de Deus.

18 *Espírito Santo, junto de ti nós nunca estamos sós. Mais ainda: uma sede habita a nossa alma, de nos abandonar a ti.*

19 Um espírito de festa, tirado do Evangelho, não é uma euforia. Sim ao entusiasmo. Mas uma expressão forçada, não... Em tudo a serena alegria.

20 Mais ou menos nove séculos antes de Cristo, em plena época de fome, um dia uma mulher do povoado de Sarepta viu Elias, o homem de Deus, entrar na sua casa. Nas sua dispensa restava um pouco de farinha e azeite. Para acolher Elias, essa

viúva não hesitou em fazer três pães com tudo o que lhe restava. Então, aconteceu o inesperado... farinha e azeite não faltarão.[2]

Não seria esta uma parábola para as nossas vidas? Com quase nada, com muito pouco, vive-se o inesperado de forma inesgotável.

21 Jesus Cristo, tu nos perguntas: "você reconhece o caminho de vida aberto na sua frente?". Gostaríamos de viver numa tão bela confiança em ti, Cristo, que pudéssemos descobrir o teu olhar de compaixão sobre as nossas vidas.

22 Ser escutado pode ser o começo de uma cura da alma quando as feridas de um passado próximo ou distante se tornam pesadas. E surge o sopro de uma confiança.

23 A fé será sempre uma bem humilde confiança em Deus, tanto para a pessoa mais desprovida de conhecimentos como para a mais culta. Se

a fé se tornasse pretensão espiritual, não levaria a lugar nenhum.

24 Você que almeja seguir a Cristo, como saber que o encontrou? É quando as suas lutas interiores não endurecem você ao buscá-lo em oração, mas levam às fontes do seu amor. É quando se abre uma brecha que conduz das inquietações à confiança em Deus.

25 *Tu, Cristo, abres os nossos olhos ao prodígio de tua compaixão. E acolhemos o teu chamado, tu que nos dizes: "Venha comigo, em mim você encontrará repouso".*

26 Deus é Espírito, e a sua presença permanece invisível. Ele vive sempre em nós: nos momentos de escuridão como naqueles de plena claridade.

27 Numa oração contemplativa, cabe-nos ficar esperando "até que a madrugada comece a despon-

tar e o dia se levante em nossos corações".[3] Então, vai acontecendo uma transfiguração do ser, numa imperceptível mudança interior ao longo de toda a vida.

28 Jesus Cristo permanece em nós! Não é mesmo que precisa de tempo para se dispor interiormente a penetrar tamanha realidade do Evangelho, pouco acessível ao pensamento humano?

29 *Espírito Santo, tu nos fazes atravessar os desertos do coração. Por teu perdão, desmanchas as nossas faltas como a cerração da manhã.*[4] *Aí está a liberdade cristã, aí está o prodígio de um amor.*

30 Com os meus irmãos, como poderíamos viver no Ocidente se alguns de nós não morassem entre os mais pobres, nos continentes do sul?

Lembrar que alguns dos nossos irmãos partilham condições de pobreza estimula em nós um chamamento à simplicidade: sermos simples na vida de cada dia, na confiança que depositamos uns nos outros.

31 Os dias se enchem de uma beleza serena para quem sabe amar e dizê-lo com a sua vida.

Há dias que trazem decepções, sabores amargos, acidentes que poderiam fazer desvanecer a paz do coração. Mas todos os dias permanece a possibilidade de abandonar-se a Deus. Um dia é completo quando o mais duro de uma provação não chega a interromper o sopro rumo a uma plenitude.

Setembro

1º Nada é mais tenaz do que a lembrança de humilhações e feridas do passado. Chega a alimentar a suspeita, às vezes, de uma geração a outra. Mas o perdão do Evangelho permite passar para além da memória.

Seremos daqueles que reúnem as suas energias para barrar as desconfianças, antigas ou bem recentes?

2 Deus de misericórdia, permite que nos abandonemos a ti, no silêncio e no amor. Tamanha confiança não é natural à nossa condição humana. Mas tu abres em nós o caminho que leva à claridade de uma esperança.

3 A nossa vida seria o joguete do acaso de uma fatalidade, ou de um destino? Nada disso! A nossa vida adquire sentido quando é, antes de tudo, uma resposta a um chamado de Deus.

4 O Espírito Santo é capaz de sustentar um sim de toda uma vida. Ele já depositou no ser huma-

Setembro

no um desejo de eternidade e de infinito. Nele, a cada idade, é possível reencontrar um dinamismo e dizer a si mesmo: "Torne decidido o seu coração e siga adiante!".[1]

5 Muitos cristãos do Ocidente amam os do Oriente por causa das provações que atravessaram e porque há neles dons de comunhão tão transparentes. Um bispo ortodoxo russo, o metropolita Nikodim, de São Petersburgo, é uma testemunha disso para nós. Veio a Taizé em 1962. Tinha no coração a esperança de uma comunhão. Por sua vida deixava pressentir que o segredo da alma ortodoxa era, antes de tudo, uma oração aberta à contemplação.

Para tantos cristãos do Oriente, a bondade do coração é uma realidade vital. Por sua confiança no Espírito Santo, por sua atenção à ressurreição, eles nos fortalecem no essencial da fé. Gostaríamos de afirmar nossa atenção aos jovens que vêm a Taizé da Rússia, da Bielo-Rússia, da Ucrânia, da Grécia, da Romênia, da Sérvia, da Bulgária.

6 Jesus, alegria de nossos corações, nós entende-
mos que tu nos convidas a amar, assim como tu nos
amas, quando temos o desejo de realizar o que tu es-
peras de nós.[2]

7 Procurando viver de Cristo no meio dos outros, pedimos em oração poder perdoar e ainda
perdoar. É onde se encontra o extremo do amor.

8 Quando Marie-Sonaly tinha cinco anos, descobrimos, um dia, um pequeno ícone da Virgem
com o Menino. A imagem nos tocou infinitamen-
te. Era o símbolo de uma acolhida materna. Podía-
mos compreender que a mãe dela, como todas as
mães que já estão na vida de eternidade, continua
a nos acolher junto com Maria, a mãe de Jesus.

9 A oração abre a uma comunhão sem limites.
Sem começo nem fim, as realidades de Deus, de
Cristo, do Espírito Santo não podem ser medidas.
O Espírito Santo enche o universo.

10 Santo Espírito, luz interior, tu iluminas os dias felizes e também os períodos de provação em nossas vidas. Quando a claridade queria desaparecer, a tua presença permanecia.

11 Quando morre alguém bem próximo, a provação pode chegar a abalar a esperança. Reencontrar a fé e a paz do coração supõe, às vezes, ser paciente consigo mesmo. A nós, que precisamos de consolo, Jesus Cristo envia o Espírito Santo consolador. E a dor de uma separação pode transfigurar-se em comunhão ao mesmo tempo misteriosa e indispensável.

12 Um olhar contemplativo voltado para Deus nos arranca do cinzento da rotina, da monotonia. Todo impregnado de Evangelho, um tal olhar também sabe perceber os tesouros de um coração irradiado de infinita bondade.

13 Houve períodos da história em que certos cristãos foram particularmente atentos à partilha. No século IV, são João Crisóstomo escrevia: "As brigas e as guerras estouram porque alguns tentam

apropriar-se do que é de todos. É como se a natureza se indignasse com o ser humano, que põe a divisão lá onde Deus pôs a unidade, por meio destas palavras frias: 'o seu' e 'o meu'".

14 Deus de misericórdia, por que nos inquietar quando nos custa dar-te a nossa confiança? Estar na tua presença num tranqüilo silêncio já é rezar. Tu compreendes tudo de nós. Mesmo um suspiro pode tornar-se oração.

15 Há um vazio que persiste quando não há nenhum despertar à fé na infância. Quem saberá abrir tal criança ou tal jovem à confiança em Cristo? Ajoelhar-se com uma criança na presença de um ícone, rezar em silêncio... e a criança pode despertar para o mistério de Deus. Por leve que seja, uma intuição da fé, mesmo esquecida, muitas vezes reaparece no decorrer da vida.

16 A nossa vida se tornará uma resposta maravilhada, lembrando sempre de novo o chamado de Cristo?

17 Quando o peso do desânimo abate você a ponto de abandonar a Cristo, você tardará a ir para junto do oásis interior, no coração da sua alma, esse lugar de intimidade onde Deus é tudo?

18 *Tu, Cristo de compaixão, dá-nos falar-te, às vezes, como a criança que fomos, ousando dizer tudo.*

19 Um dia, Jesus Cristo abençoou cinco pães e os repartiu entre todos, sem distinção.[3] Nasceu daí, numa longa história, este humilde gesto de acolhida: dar o pão bento a todos, aos que têm fé e aos que não têm. A todos que, por diversas razões, não recebem a eucaristia. As igrejas ortodoxas foram as primeiras que abriram este caminho.

20 Quando a comunhão, que é a Igreja, se torna límpida ao buscar amar e perdoar, ela deixa transparecer as realidades do Evangelho num frescor de primavera. Poderemos entrar logo mais numa primavera da Igreja?

21 São multidões os que, por suas vidas oferecidas, se aproximam da santidade de Cristo. Eles entenderam a Palavra que Jesus dirige a cada pessoa: "Venha comigo!".[4]

22 *Deus de toda eternidade, abre em nós as portas de tua misericórdia. Assim compreendemos que a vontade do teu amor não é uma lei gravada sobre tábuas de pedra. Ela é viva caridade, escrita sobre o nosso coração.*[5]

23 Muitas vezes nos perguntam: por que há tantos jovens em Taizé? Que responder? Era inesperado. Os anos passam, e a surpresa permanece.

Pouco a pouco, compreendemos que era essencial viver numa confiança recíproca com as novas gerações. Esperamos de coração que se desenvolva nos jovens uma capacidade de confiança. Ela é uma alavanca para sair da crise de confiança no ser humano.

Às vezes, nós nos perguntamos: o nosso acolhimento não é por demais desprovido, ele não é pobre demais? Então, fazemos esta descoberta:

com grande simplicidade de coração e com poucos meios, pode-se realizar um acolhimento do Evangelho que parecia impossível.

24 A nossa confiança em Deus fica perceptível quando se exprime no dom bem simples das nossas próprias vidas: antes de tudo, é quando ela é vivida que a fé se torna crível e se comunica.

25 Haveria em nós abismos de desconhecido e de culpabilidade que vêm não se sabe de onde? Deus não ameaça ninguém, e o perdão com o qual ele inunda as nossas vidas vem curar a nossa alma.

26 *Jesus Cristo, tu chamas para uma vocação que é para a vida toda. Mesmo se conhecemos pouco o Evangelho, pressentimos que tu nos convidas a te acolher para sempre.*

27 O Evangelho desperta para a compaixão e uma infinita bondade do coração. Elas não são in-

gênuas, podem necessitar de vigilância. Elas levam a esta descoberta: buscar tornar os outros felizes nos liberta de nós mesmos.

28 Um cristão que viveu há mil e seiscentos anos, santo Agostinho, deixou algumas palavras que escancaram as portas do Evangelho. Ele lutou muito para chegar a Deus. O comportamento que teve quando era jovem lhe pesava. Ele tinha uma tão bela honestidade consigo mesmo que, por momentos, desesperava da sua própria pessoa. Mas, certo dia, ele pôde escrever estas palavras: "Se deseja conhecer Deus, você já tem fé".[6]

29 Cristo dá uma incomparável clareza do Evangelho a quem vive a primeira bem-aventurança: "Feliz o coração simples".[7] E da simplicidade brota, espontaneamente, uma alegria serena.

30 *Jesus Cristo, no Evangelho tu perguntas: "Para você, quem sou eu?".[8] Tu és aquele que, incansavel-*

Setembro

mente, nos procura. Na tua vida terrestre, tu te deixaste atingir no mais íntimo de ti mesmo. Tu choraste a morte de quem amavas.[9] Para ti, Cristo, amar realiza-se na bondade do coração.

Outubro

1º A humilde oração está ao alcance de cada pessoa. Paulo, o apóstolo, o sabia, ele que escreveu: "Não sabemos como rezar, mas o Espírito Santo vem socorrer a nossa incapacidade e reza em nós".[1]

2 Uma confiança igual em todos os povos da terra, não somente em alguns, abre um caminho de paz. Em todos os povos há um número restrito de pessoas insanas, capazes, se chegam ao poder, de arrastar multidões para a engrenagem do ódio e da guerra. Por isso, é essencial nunca humilhar os membros de uma nação onde apenas alguns dirigentes desencadearam incríveis violências.

Precisamos convencer-nos de vez que não existe um povo mais culpado que os outros, isso não existe, e nunca existirá.

3 Jesus, paz dos nossos corações, dá-nos sermos portadores do teu Evangelho nos lugares em que a confiança da fé está abalada, e mantém-nos próximos daqueles que estão invadidos pela dúvida.

4 São inúmeros os cristãos que gostariam de ser portadores de paz nessa comunhão de amor que é a Igreja. Não são ingênuos perante os abusos que atingem a comunhão, mas procuram com toda alma o silêncio e o amor.

5 Uma confiança em Cristo não se comunica com argumentos que querem convencer custe o que custar, indo até suscitar a inquietação.

6 O Espírito Santo nunca se afasta da nossa alma: mesmo na morte, a comunhão com Deus permanece. Saber que Deus nos acolhe para sempre em seu amor vem a ser uma fonte de tranqüila confiança.

7 *Deus de misericórdia, nós esperamos pelo sopro do teu Espírito Santo. Até nas contradições do nosso coração ele faz brotar uma fonte, alegria do Evangelho.*

8 No Evangelho, Jesus Cristo é solidário do incompreensível sofrimento dos inocentes. Ele veio sobre a terra para que todo ser humano se saiba amado.

9 Nunca, no Evangelho, Jesus Cristo convida à tristeza ou à morosidade. Muito pelo contrário: ele torna acessível uma alegria tranqüila e mesmo um júbilo no Espírito Santo.

10 *Jesus Cristo, tu nos dás como descobrir uma paz do coração nas fontes da confiança em ti. Ela é essencial para viver de ti e nos construir interiormente.*

11 Nos momentos mais sombrios, quando surgem pesados desânimos entre os cristãos, que podemos fazer senão nos abandonar à esperança da fé?

12 Antes do começo do universo, de toda eternidade, Cristo estava em Deus. Desde o nascimento da humanidade, ele é Palavra viva.[2] Depois, como um humilde, habitou em nosso meio sobre a terra. Ressuscitado, ele se mantém perto de cada pessoa pelo Espírito Santo.

13 Não se perdoa para que o outro seja mudado. Isso seria um cálculo que não tem nada a ver com a gratuidade do amor do Evangelho. Perdoa-se por causa de Cristo.

Perdoar implica estar disposto a não querer saber o que o outro fará do nosso perdão.

14 *Jesus, nossa alegria, a paz do coração é possível, certa mesmo, porque o teu perdão irradia a confiança. Teu Evangelho o confirma: "Por que ficar preocupado? A sua inquietação não resolve nada, ela não pode encompridar a sua vida".[3]*

15 Imutável na sua essência, a oração reveste muitas expressões. Existem os que oram num grande silêncio. Outros precisam de muitas palavras.

Santa Teresa de Ávila escreveu: "Quando falo ao Senhor, muitas vezes não sei o que estou dizendo". Outros encontram na oração comunitária a alegria do céu sobre a terra, uma realização...

16 Estamos dispostos a escutar o convite que vem dos tempos do Evangelho: "Não apaguem o Espírito"?[4] Penetrados pelo sopro do Espírito Santo, compreenderemos que ele trabalha em nós, nos tira da escuridão e nos leva para a luz?

17 *Jesus Cristo, tu dás a paz do coração a quem te busca. Essa paz está presente, bem próxima, no olhar de compaixão que tu deitas sobre a vida de cada pessoa.*

18 O evangelho de Lucas termina com o relato dos discípulos prostrados, com a testa no chão.[5] Com esse gesto assumiam uma expressão de oração que remonta, possivelmente, às origens mais distantes da humanidade. Ele significa a oferta silenciosa da própria vida.

19 Às vezes, sem o saberem, os mais velhos preparam para os jovens uma abertura à confiança em Deus. Jovens da Estônia diziam:

> É graças às nossas avós que abraçamos a fé e nos encontramos agora em Taizé. Muitas delas foram desterradas durante longos anos. A fé era o seu único sustento durante a deportação. São mulheres simples. Não compreendiam o porquê de tanto sofrimento. Algumas voltaram. Elas são transparentes e sem amargura. Para nós, agora, elas são santas.

20 Não é indispensável ter capacidades extraordinárias ou grandes facilidades para que uma vida seja bela: há uma alegria no humilde dom da sua pessoa.

21 *Deus de misericórdia, tu procuras incansavelmente quem se afastou de ti. Pelo perdão, tu nos fazes cantar: tenho sede em minha alma, tudo abandonar em ti.*

22 Você esquece a presença de Deus em você? Descansar nele, dizer-lhe uma intenção... e você o reencontra onde estiver, na sua casa, no trabalho, numa rua cheia do ruído de carros...

23 Onde está, para nós, a fonte da esperança e da alegria? Está em Deus, que nos busca incansavelmente e encontra em nós a beleza profunda da alma humana.

24 Pelo rosto de um ser humano pode-se perceber um reflexo do rosto de Cristo, sobretudo quando as lágrimas e o sofrimento o tornaram mais límpido.

25 *Sopro do amor de Deus, Espírito Santo, nós te damos a nossa confiança porque em ti nos é oferecido descobrir esta realidade surpreendente: Deus não suscita em nós nem medo nem angústia, pois Deus só pode amar.*

26 A oração é uma força serena, ela não nos deixa adormecer diante dos abalos sofridos por multidões na família humana. Encontram-se energias indispensáveis de compaixão na oração.

27 No decorrer de uma vida cristã nos é dado passar de um começo a outro começo. Mas essa dinâmica se esgota quando não recebe impulso numa continuidade, a invisível presença do Espírito Santo em nós.

28 Se a oração solitária pode ser árdua, a beleza de uma oração comunitária é um sustento incomparável da vida interior. Por meio de palavras simples, cantos e refrões, ela irradia uma alegria discreta e silenciosa.

29 *Jesus Ressuscitado, tu vens depositar a confiança da fé na terra trabalhada da nossa vida. Pequena semente no começo, ela pode se tornar em nós uma das mais claras realidades do Evangelho. Ela sustenta a inesgotável bondade do coração humano.*

30 Deus compreende nossas palavras e também o nosso silêncio. Tantas vezes o silêncio é toda a oração.

31 As amplas possibilidades da ciência e da técnica podem suavizar sofrimentos e aliviar a fome. Mas, por indispensáveis que sejam, os grandes meios da ciência não bastam. Se acordássemos um belo dia numa sociedade funcional, toda marcada pela técnica, mas onde a confiança da fé, a inteligência do coração, uma sede de reconciliação se tivessem esvaecido, qual seria o futuro da família humana?

Novembro

1º Deus vivo, nós te louvamos pelas multidões de mulheres, homens, jovens e crianças que, por toda a terra, procuram ser testemunhas de paz, de confiança e de reconciliação.

Dá-nos, dia após dia, nos dispor interiormente a ter confiança no Mistério da Fé, junto com as santas testemunhas de Cristo de todos os tempos, desde os apóstolos e a Virgem Maria até hoje.

2 A confiança na ressurreição faz compreender que uma comunhão entre os que crêem não se interrompe com a morte. Na simplicidade do coração, podemos pedir àqueles que amamos e que nos precederam numa vida de eternidade: "Reze por mim, reze comigo". Durante a sua vida na terra, a sua oração nos sustentou. Depois da morte, como poderíamos deixar de nos apoiar nela?

3 Um dos frutos do Espírito Santo em nós é a alegria.[1] Quando há uma alegria profunda, o Espírito Santo está presente.

4 Espírito Santo, Espírito consolador, nosso íntimo aguarda ser todo penetrado por uma fé pacífica. Iluminados por tua luz, entrevemos o mistério de nossa vida, e as noites da alma se dissipam.

5 Batizados no Espírito Santo, nós fomos revestidos de Cristo para sempre. Deus pode dizer a cada pessoa: "Você é o meu único, em você encontro a minha alegria".[2]

No décimo século, um cristão chamado Simão escreveu: "Cristo se aproximará de cada pessoa em particular, como se olhasse somente para ela".

6 Ao sentir um vazio interior, há quem se pergunte: "Onde será que Deus está?".[3] Na realidade, Cristo mantém-se perto de nós, mesmo dos que o ignoram.

7 Jesus, nossa esperança, dá-nos ouvir a tua voz quando tu nos dizes: "Eu, Jesus Cristo, amo você". É onde está a fonte de uma paz do coração.

8 Em toda parte, ao redor do mundo, cristãos estão atentos para assumir responsabilidades, muitas vezes bem concretas, para tornar a terra mais habitável. Que surpresa descobrir tudo o que se torna possível por um amor que se alimenta nas fontes da confiança em Deus!

9 Você está atravessando um período em que tudo parece um deserto? Nesses momentos em que tudo parece parado em você, com pouca coisa se abre uma flor do deserto.

10 *Salvador de toda vida, que se alegrem os que te procuram. Numa página do Evangelho tu nos dizes: "Eu conheço as suas provações e a sua pobreza, no entanto vocês são ricos".[4] Ricos de quê? Das fontes vivas escondidas no mais profundo de cada pessoa.*

11 Cristo sabe o combate interior que, às vezes, enfrentamos para sermos encontrados transpa-

Novembro

rentes. Essa luta de dentro é um sinal do nosso amor por ele.

Mas a nossa vida não é um combate contínuo. Quando acolhemos a mensagem de alegria do Evangelho, o Espírito Santo nos traz o que muitas vezes nem esperávamos: a paz do coração e uma felicidade.

12 Louvado seja o Espírito Santo por nos amar sempre, mesmo quando não sentimos nada, ou quase nada, da sua contínua presença.

13 *Jesus Ressuscitado, mistério de uma presença, tu nunca desejas para nós o tormento, mas tu nos vestes de tua paz. Uma alegria do Evangelho vem tocar o fundo da alma.*

14 Entre as crianças que, muitas vezes, partici-pam da oração em Taizé, havia, um dia, um irmão e uma irmã. A menina, bem recolhida, mantinha as suas mãos juntas, e os seus lábios murmuravam algumas palavras, tranqüilamente. O menino, mãos sobre os olhos, permanecia silencioso. Com ou sem palavras, os seus rostos e os seus gestos exprimiam a beleza de uma vida interior.

15 O Espírito Santo é um sustento, um consolo nas grandes dores de uma vida. Nele sempre são oferecidas as fontes de júbilo, de uma alegria bem leve. Essa alegria nos torna mais próximos dos que atravessam o sofrimento.

16 Não há uma técnica para rezar, não há um método para obter um silêncio interior. Se a nossa oração é só um balbuciar, isso não tem importância. Não somos todos pobres do Evangelho?

17 *Deus vivo, por pobre que seja a nossa oração, nós te procuramos confiantes. A tua compaixão abre uma passagem através das nossas hesitações e mesmo das nossas dúvidas.*

18 O Evangelho fala de um jovem que, procurando em Deus a vontade do seu amor, interrogava-se junto a Cristo. Jesus lhe respondeu: "Uma só coisa falta a você. Venda o que você tem, dê tudo aos pobres, depois venha e me siga". O jovem foi embora todo triste.[5] Por quê? Não tinha a liberdade interior de se doar.

19 "Senhor Jesus, és luz interior, não deixes que minha escuridão me fale." Escrevendo essa oração, santo Agostinho teve a intuição de que, quando as nossas próprias trevas atraem toda a nossa atenção, surge um diálogo interior com aquilo que nos faz mal. Aonde isto pode levar? A lugar nenhum.

20 *Deus de misericórdia, quando nós compreendemos que nada nos pode separar de ti, a confiança em ti abre para nós a subida para uma alegria pacífica.*

21 Os ícones podem sustentar a beleza de uma oração. São como aberturas para as realidades de

Deus. Existem mãos de artistas que fazem pressentir reflexos do Evangelho e sabem tornar o mistério de Deus acessível ao olhar.

22 Pedro, o apóstolo, viu Jesus na sua vida terrena. Mas ele sabe bem que nós "amamos a Cristo sem o termos visto, nós confiamos nele ainda sem o ver". E ele continua: "Vocês estão vibrando com uma alegria além do que se pode dizer que já os transfigura".[6]

23 Seremos nós daqueles que fazem crescer a bela esperança de um novo futuro? Para prepará-lo, quem abrirá caminhos de pacificação, lá onde surgem ódios e violências?

24 *Cristo de toda compaixão, fazes com que nos voltemos para ti... e uma luz interior se levanta em nosso coração.*[7] *Para rezar, bastam estas poucas palavras: Jesus, minha alegria, minha esperança e minha vida.*

Novembro

25 Feliz quem encontra em Deus uma confiança que não passará, que nunca será gasta!

26 Perdoar é uma das mais incríveis realidades do Evangelho, tão indispensável para quem quer acompanhar a Cristo. E a bondade do coração, às vezes, chega a ser como um milagre na nossa vida.

27 *Espírito Santo, o Evangelho nos promete que a tua presença está em nós,[8] tão certa quanto a nossa própria vida.*

28 Jesus pronunciou, um dia, palavras graves a respeito "dos que amarram fardos pesados e os põem nas costas dos outros, mas eles mesmos não os ajudam, nem ao menos com um dedo, a carregar esses fardos".[9]

29 Para responder ao apelo de Cristo até o fim, prepare-se para as fidelidades. Em você se construirá uma alma penetrada de bondade, não um amor ilusório que se satisfaz com palavras.

30 Certos pais se interrogam quando vêem os seus filhos se afastarem do lugar onde eles mesmos rezam. Mas o melhor da sua fé pode reaparecer quando os filhos, depois de adultos, irão assumir fortes responsabilidades. A fina flor da confiança em Deus, compreendida na infância, não se perde para sempre. Seu perfume penetra a alma invisivelmente.

Dezembro

$1^{\underline{o}}$ Quem responde aos apelos do Evangelho recusa-se a ver um inimigo em quem quer que seja.[1] Rezando em silêncio e com amor, encontra bastante liberdade para perdoar até aqueles que desfiguram as suas intenções.

2 *Espírito Santo, mistério de uma presença, tu penetras o nosso ser mais profundo e percebes uma busca. Sabes a nossa intenção: transmitir a tua compaixão através da infinita bondade do coração.*

3 Mesmo se compreendemos tão pouco do Evangelho, ele é luz no nosso meio. Mesmo se percebemos tão pouco do Espírito Santo, ele é vida para nós. Mesmo se compreendemos tão pouco da eucaristia, ela é presença de Cristo em nós.

4 Existe uma paz do coração em saber que a morte não é um desfecho. A morte abre a passagem para uma vida na qual Deus nos acolhe nele para sempre.

Quando já estava bem idosa, minha mãe teve uma crise cardíaca. Assim que pôde falar de novo, ela pronunciou estas palavras: "Não tenho medo da morte, pois sei em quem eu creio... mas eu amo a vida". Ainda no dia da sua morte, ela murmurava: "A vida é bela...".

5 Na oração, Deus não nos pede para realizar prodígios que nos ultrapassam. Mas que nos abandonemos nele, com grande simplicidade. E o Espírito Santo nos sugere palavras bem simples: "Tu, Deus de misericórdia, que esperas de mim?".

6 Há pessoas que, pelo dom de si mesmas, testemunham que o ser humano não foi feito para o desespero. E nós? Por desprovidos que sejamos, somos chamados a transmitir um mistério de esperança em volta de nós, por nossa vida.

7 *Deus de todo amor, tu nos chamas a viver de ti. Mesmo se te deixássemos, por teu Espírito Santo tu*

*permanecerias em nós. A tua presença não é momen-
tânea, mas perene.*

8 O mistério da oferenda se desvenda por meio da Virgem Maria. Uma mulher de Porto Rico o compreendeu quando escreveu a seu filho que se comprometia com um sim por toda a vida:

> Ao descobrir o seu amor total por Deus, pensei na Virgem Maria. Como mãe, ela consentiu o que Deus havia preparado. Meu filho, que posso eu, quando é Deus que está agindo? Não posso recusar a Deus o que é dele. Você é tudo o que tenho, mas, por causa do amor que Deus tem por nós, nós lhe damos tudo.

9 A surpreendente presença do Espírito Santo é um fogo. Mesmo pálido luzir, ele brilha por dentro. E ainda permanece quando sobrevém a impressão de não saber como rezar.

10 Quando, às vezes, a confiança da fé se torna pouco acessível, podemos dizer a Deus: "Não olhes para a minha pequena fé, mas dá-me apoiar-me sobre a fé de toda a tua Igreja, de tantas humildes testemunhas que viveram de ti incomparavelmente".

11 Tu, Cristo, queres uma alegria para cada pessoa, uma alegria do Evangelho. A paz do nosso coração pode tornar a vida bela para os que nos cercam.

12 O Espírito Santo está sempre presente. Ele penetra o nosso íntimo. Ele nos faz esperar que a alegria de Deus venha tocar o fundo da alma.

13 O Espírito Santo derramado sobre todo ser humano dá liberdade e espontaneidade. Devolve o gosto pela vida aos que o perderam. Ele vem livrar do desânimo. Nem as dúvidas nem a impressão de um silêncio de Deus afastam de nós o seu Santo Espírito.

14 Mais nós partilhamos o que temos com simplicidade, mais o nosso coração se torna acolhedor

aos que nos cercam. Simplificar, e simplificar ainda, torna possível acolher, mesmo com muito pouco.

15 Jesus Cristo, dá-nos escutar o teu convite para viver cada dia como um hoje de Deus.

16 Quatro séculos depois de Jesus Cristo, santo Agostinho escreveu estas palavras que permanecem tão atuais:

> Há uma voz do coração e um idioma do coração. É esta voz interior que é a nossa oração quando os nossos lábios estão fechados e a nossa alma está aberta diante de Deus. Nós calamos, e o nosso coração fala. Não aos ouvidos humanos, mas a Deus. Tenha certeza disto: Deus saberá ouvir você.

17 Se pudéssemos dizer a nós mesmos, quando estamos falando do Evangelho ou expressando uma oração diante de outros: "Que a sua oração e a sua palavra nunca contenham uma ameaça em nome de Deus!". Deus é amor. Ele não se impõe às pessoas pelo medo. Mesmo quando Cristo era maltratado, não ameaçava ninguém.[2]

18 Espírito Santo, Espírito consolador, quando nós somos invadidos por uma solidão interior, dá-nos entender que Jesus Cristo está sempre presente, que ele sempre quer serenar os nossos corações.

19 Durante a vida toda estamos diante de situações difíceis de explicar, às vezes com oposições, afastamentos, rupturas de comunhão. Então, nós nos perguntamos: vamos deixar apagar a alegria? Não, ela pode permanecer mesmo nas horas difíceis. Em vez de fazer pesar uma tristeza sobre os outros, a alegria do nosso coração torna felizes os que nos cercam.

20 Quem é esse Cristo que seguimos?

É ele quem nos possibilita viver uma comunhão com ele. Por seu Espírito Santo, ele fica perto de nós, hoje, amanhã e sempre. Nele, as fontes de alegria nunca secam.[3]

21 Há quem se perturbe pela impressão de um silêncio de Deus, como se a sua presença estivesse ligada ao que é perceptível. Mas a comunhão com Deus permanece mesmo quando as ressonâncias sensíveis estão ausentes.

22 *Espírito Santo, quando depositamos em ti os nossos fardos e as nossas provações, tu depositas em nossa alma a paz do coração.*

23 No íntimo de nós mesmos está um apelo à liberdade interior. Nela há poesia. Ela pode alegrar-se com pouca coisa: o vento nas árvores, a luz do céu em constante mudança, a intimidade de uma refeição simples, a presença dos bem próximos, as crianças...

24 Se nas nossas vidas cada noite pudesse tornar-se como uma noite de Natal, uma noite iluminada por dentro...

25 Jesus, filho da Virgem Maria, no Natal tu nos oferece a mensagem de alegria do teu Evangelho. Quem escuta, quem acolhe os dons do Espírito Santo, de dia como nas vigílias da noite, descobre que o essencial é oferecido mesmo tendo uma fé bem pequena, com quase nada.

26 Não sabendo mais como se fazer entender, Deus veio ele mesmo sobre a terra, pobre e humilde: se Cristo Jesus não tivesse vivido no meio de nós, Deus ficaria distante, inatingível. Por sua vida, Jesus faz-nos ver Deus como em transparência.[4]

27 Se fosse possível sondar um coração humano, a surpresa seria descobrir a silenciosa espera de uma presença. No evangelho de João aparece uma resposta a esta espera: "Está no meio de vocês Alguém que vocês não conhecem".[5] Não estará, sempre, no meio de nós este Cristo que talvez conheçamos pouco?

28 Damo-nos conta o bastante de que para Deus um ser humano é sagrado pela inocência ferida da sua infância?

29 *Jesus, nossa alegria, no teu Evangelho tu nos dizes: "Olhem os pássaros no céu e as flores do campo, vocês não valem mais do que eles? Por que se preocupar?".*[6]

30 Se, passando de começo em começo, nós nos dispuséssemos a acolher cada dia que vem como um dia único... Jesus Cristo diz a cada um: "Nunca deixarei você sozinho".[7]

31 Em ti, a paz do coração, a alegria serena. O Espírito Santo enterrou o teu passado no coração de Cristo e vai cuidar do teu futuro.

Espírito Santo, não permitas que o nosso coração se perturbe, tranqüiliza-nos na nossa noite, concede-nos a tua alegria.

Algumas citações
da Bíblia que se referem à
confiança e à paz do coração

No fundo das suas provações, Jó diz: "Eu sei que o meu Defensor vive. No fim, ele virá me defender aqui na terra. Depois do meu despertar, ele me porá de pé junto dele".

(cf. Jó 19,25-26)

Somente em Deus eu encontro paz.
É dele que vem a minha salvação.
Somente em Deus eu encontro paz,
e nele ponho a minha esperança.
Confiem sempre em Deus, vocês todos,
abram o coração para Deus,
pois ele é o nosso refúgio!

(cf. Sl 62,2.6.9)

"Nosso Deus tem compaixão.
O Senhor protege os simples.
Quando eu estava em perigo, ele me salvou.
Meu ser inteiro, continue confiando em Deus."

(cf. Sl 116,5-7)

Senhor, eu já não sou orgulhoso;
deixei de olhar os outros com arrogância.
Não vou atrás das coisas grandes e extraordinárias
que estão fora do meu alcance.
Assim como a criança desmamada
fica quieta nos braços da mãe,
assim eu estou satisfeito e tranqüilo
e o meu coração está calmo dentro de mim.

(cf. Sl 131)

O Senhor diz: "Se voltarem para mim e ficarem
calmos, vocês serão salvos.
Fiquem tranqüilos e confiem em mim e eu lhes darei a vitória".

(cf. Is 30,15)

"Conheço os planos que tenho para vocês", diz o
Senhor, "prosperidade e não desgraça, e um futuro
cheio de esperança".

(cf. Jr 29,11)

O Senhor diz: "Eu lhes darei um coração novo e
porei em vocês um espírito novo. Tirarei de vocês
o coração de pedra e lhes darei um coração bondoso. Porei o meu Espírito dentro de vocês".

(cf. Ez 36,26-27)

Jesus diz: "Venham a mim todos vocês que estão cansados de carregar as suas pesadas cargas, e eu lhes darei descanso".

(cf. Mt 11,28)

Quando a tempestade sacudia o barco, Jesus disse aos seus discípulos: "Coragem! Sou eu! Não tenham medo!".

(cf. Mt 14,27)

Jesus diz aos seus discípulos: "Qual de vocês pode encompridar a sua vida, por mais que se preocupe com isso? Portanto, se vocês não podem conseguir uma coisa assim tão pequena, por que se preocupam com as outras?".

(cf. Lc 12,25-26)

Jesus diz aos seus discípulos: "Tenho dito isso enquanto estou com vocês. Mas o consolador, o Espírito Santo, que o Pai vai enviar em meu nome, ensinará a vocês todas as coisas e fará com que vocês se lembrem de tudo o que eu lhes disse. Deixo com vocês a paz. É a minha paz que eu lhes dou... Não fiquem aflitos nem tenham medo".

(cf. Jo 14,25-27)

Jesus disse aos seus discípulos: "Eu estou dizendo isso para que a minha alegria esteja em vocês e a alegria de vocês seja completa. [...] Vocês, agora, estão tristes; mas eu os verei novamente. Então, vocês ficarão cheios de alegria, e ninguém poderá tirar essa alegria de vocês. Quando chegar o dia, vocês não me pedirão nada. E eu afirmo a vocês que isto é verdade: se vocês pedirem ao Pai alguma coisa em meu nome, ele dará a vocês. Peçam e receberão, para que a alegria de vocês seja completa".

(cf. Jo 15,11; 16,22-24)

Jesus disse aos seus discípulos: "Eu digo isso para que, por estarem unidos comigo, vocês tenham paz".

(cf. Jo 16,33)

Paulo, o apóstolo, escreveu: "O Reino de Deus é justiça, paz e alegria no Espírito Santo".

(cf. Rm 14,17)

Paulo escreveu: "Peço a Deus Pai que, por meio do seu Espírito, ele dê a vocês poder para que sejam espiritualmente fortes. Peço também que, por meio da fé, Cristo viva no coração de vocês. E oro para que vocês tenham raízes e alicerces no amor, para que, assim, vocês possam compreender o amor de Cristo em todas as suas dimensões. Sim, embora seja impossível conhecê-lo perfeitamente, peço que vocês venham a conhecê-lo, para que, assim, Deus encha completamente o ser de vocês com a sua natureza".

(cf. Ef 3,16-19)

Paulo escreveu: "Sejam sempre humildes, bem educados e pacientes, suportando uns aos outros com amor. Façam tudo para conservar, por meio da paz que une vocês, a união que o Espírito dá".

(cf. Ef 4,2-3)

Paulo escreveu: "Antigamente, vocês mesmos viviam na escuridão; mas agora que pertencem ao Senhor, vocês estão na luz. Por isso vivam como pessoas que pertencem à luz".

(cf. Ef 5,8)

Paulo escreveu: "Por estarem unidos com Cristo, vocês são fortes, o amor dele os anima, e vocês participam do Espírito de Deus. E também são bondosos e misericordiosos uns com os outros. Então, peço que me dêem a grande satisfação de viverem em harmonia, tendo um mesmo amor e sendo unidos de alma e mente".

(cf. Fl 2,1-2)

Paulo escreveu: "Tenham sempre alegria, unidos com o Senhor. Repito: tenham alegria! Sejam amáveis com todos. O Senhor virá logo. Não se preocupem com nada, mas em todas as orações peçam a Deus o que vocês precisam e orem sempre com o coração agradecido. E a paz de Deus, que ninguém consegue entender, guardará o coração e a mente de vocês, pois vocês estão unidos com Cristo Jesus".

(cf. Fl 4,4-7)

Paulo escreveu: "Vocês são o Povo de Deus. Ele os amou e os escolheu para serem dele. Portanto, vistam-se de misericórdia, de bondade, de humildade, de delicadeza e de paciência. Não fiquem irritados uns com os outros e perdoem uns aos outros, caso alguém tenha alguma queixa contra outra pessoa. Assim como o Senhor perdoou vocês, perdoem uns aos outros. Acima de tudo, tenham amor, pois o amor une perfeitamente todas as coisas. E que a paz que Cristo dá dirija vocês nas suas decisões, pois foi para essa paz que Deus os chamou, a fim de formarem um só corpo. E sejam agradecidos".

(cf. Cl 3,12-15)

Paulo escreveu: "Evite os falatórios sem sentido e vazios, pois eles fazem com que as pessoas se afastem de Deus".

(cf. 2Tm 2,16)

Tiago escreveu: "Quando alguém for tentado, não diga: 'Esta tentação vem de Deus'. Pois Deus não pode ser tentado pelo mal e ele mesmo não tenta ninguém".

(cf. Tg 1,13)

Pedro, o discípulo de Jesus, escreveu: "Vocês amam a Cristo, mesmo sem o terem visto, e crêem nele, mesmo que não o estejam vendo agora. Assim, vocês se alegram com uma alegria tão grande que as palavras não podem descrever; e ela transforma vocês".

(cf. 1Pd 1,8)

Pedro escreveu: "Quando foi insultado, Cristo não respondeu com insultos. Quando sofreu, não ameaçou, mas pôs a sua esperança em Deus".

(cf. 1Pd 2,23)

Pedro escreveu: "Entreguem todas as suas preocupações a Deus, pois ele cuida de vocês".

(cf. 1Pd 5,7)

João, o discípulo de Jesus, escreveu: "Meus filhinhos, o nosso amor não deve ser somente de palavras e de conversa. Deve ser um amor verdadeiro, que se mostra por meio de ações. É assim, então, que saberemos que pertencemos à verdade e que o nosso coração se sente seguro na presença de Deus. Pois se o nosso coração nos condena, sabemos que Deus é maior do que o nosso coração e conhece tudo".

(cf. 1Jo 3,18-20)

João escreveu: "Deus é amor. Aquele que vive no amor vive unido com Deus, e Deus vive unido com ele. [...] No amor não há medo; o amor verdadeiro afasta o medo. Porque no medo o amor não pode se realizar".

(cf. 1Jo 4,16b.18)

Notas

Janeiro

1 Mt 11,28
2 1Jo 4,8 e16
3 Ver Jo 3,17
4 Mt 25,40
5 Jo 1,5
6 Sl 62,2-3
7 Jo 14,27
8 Ver 1Rs 19,9-13
9 Encíclica *Redemptor Hominis*, 1979
10 Ver Mt 3,11
11 Ver 1Ts 5,19
12 Ver Sl 42,8
13 Mt 16,25

Fevereiro

1 Ver Lc 2,22-24
2 João XXIII, *Diário da alma*

3 Lc 9,62
4 Ver 1Pd 1,8
5 Citado em *Soyons l'âme du monde*, Les Presses de Taizé, 1996
6 Ver Mt 11,28-29
7 *Carta a Diogneto*

Março

1 Ver Jo 1,1-3
2 Lc 9,24
3 Ver 2Cor 4,7
4 Ver Mc 4,27
5 Pr 30,16
6 Ver Sl 84,7
7 Lc 10,21
8 Lc 1,38
9 Ver 1Pd 5,7
10 Ap 3,20 e Mc 10,21

Páscoa e Pentecostes

1 Ver Mt 26,38
2 Ver 1Pd 2,23
3 Ver Mt 11,28
4 Ver 1Pd 3,18-20; 4,6
5 Ver Jo 14,16 e 26; 16,7

Abril

1 Mc 9,24
2 Ver Lc 24,13-35
3 1Jo 3,20
4 Ver Jo 21,15-17
5 Jo 21,15-17
6 Ver Mt 8,8

Maio

1 Ver Mt 5,8
2 Lc 2, 19 e 51
3 Citado em *Soyons l'âme du monde*, cit.

4 Ver Mt 5,44
5 Ver Is 53,2-4 e 7
6 Ver 1Pd 1,8
7 Ver Mt 5,23-24
8 Ver Jo 3,17
9 Ver Mt 28,20
10 Citado em *La vie spirituelle*, mar.-abr./1982
11 Ver Jo 14,18-20
12 Ver Mt 11,28
13 Ver Lc 10,38-42
14 Ver Rm 8,26

Junho

1 Ver Jo 6,56
2 Discurso aos padres de Roma, fev./1959
3 Ver Mt 25,40
4 *Carta a Diogneto*
5 Mc 4,40 e 6,50
6 Jr 20,9
7 Ver Jo 14,9
8 Ver 1Jo 5,14-15
9 Jo 14,27; 20,19-21

[10] Ver Lc 15,20-32

[11] Mc 7,34

[12] Jo 1,26

[13] Ver Lc 10,27

[14] Ver Lc 3,6 e 18

[15] Citado em *Soyons l'âme du monde*, cit.

[16] Lc 6,27-28

Julho

[1] Jo 20,29

[2] Fl 4,6

[3] Ver Is 30,15

[4] 1Jo 4, 8 e 16

[5] Lc 19,5

[6] 1Jo 3,20

[7] Ver Lc 9,24

[8] Caderno de notas, citado por Pierre Pascal em *Dostoïevski, l'homme et l'œuvre*, L'Âge d'Homme, 1970

[9] Ver Is 49,10

Agosto

[1] Mt 19,14

[2] Ver 1Rs 17,7-16

[3] 2Pd 1,19

[4] Ver Is 44,22

Setembro

[1] Ecl 2,2

[2] Ver Jo 15,12

[3] Ver Mt 14,13-21

[4] Mc 10,21

[5] Ver Jr 31,33 e 2Cor 3,3

[6] Mt 5,3

[7] Citado em *Soyons l'âme du monde*, cit.

[8] Mt 16,15

[9] Ver Jo 11,35

Outubro

[1] Rm 8,26

[2] Ver Jo 1,1-10

[3] Ver Mt 6,27
[4] 1Ts 5,19
[5] Ver Lc 24,52

Novembro

[1] Gl 5,22
[2] Mc 1,11
[3] Sl 42,4
[4] Ap 2,9
[5] Ver Mc 10,17-22
[6] 1Pd 1,8
[7] Ver 2Pd 1,19
[8] Ver 1Cor 3,16
[9] Mt 23,4

Dezembro

[1] Ver Mt 5,44
[2] Ver 1Pd 2,23
[3] Ver Fl 4,4
[4] Ver Jo 14,9
[5] Jo 1,26
[6] Ver Mt 6,25-34
[7] Ver Mt 28,20

Sumário

Prefácio
Taizé: um pedaço do céu na terra.. 5

Apresentação 11

Janeiro 13

Fevereiro... 25

Março 35

Páscoa e Pentecostes... 45

Abril 49

Maio 59

Junho... 71

Julho... 83

Agosto 95

Setembro 107

Outubro... 119

Novembro 131

Dezembro 143

Algumas citações da Bíblia que se referem à confiança
  e à paz do coração 155

Notas 163

Impresso na gráfica da
Pia Sociedade Filhas de São Paulo
Via Raposo Tavares, km 19,145
05577-300 - São Paulo, SP - Brasil - 2007